女性法律家

復刊版

執筆者代表
三淵嘉子

永石泰子　土肥幸代
佐藤欣子　石川恵美子
鍛冶千鶴子　大脇雅子
山本清子　松尾和子
宇野美喜子　笠原郁子
若菜允子　伊藤廸子

有斐閣

＊一九八三（昭和五八）年六月に刊行した『女性法律家』の復刊に際し、本文中の表記は、明らかな誤字・脱字の修正を除き、原版のままとした（各執筆者紹介文中の肩書も原版刊行当時のもの）。

復刊にあたって――女性法曹の「生き方」を拓いて

私は、故三淵嘉子元裁判官の「わたしの初恋は日本国憲法です」という言葉が好きである。私が名古屋大学法学部に入学した頃、三淵（当時は和田）さんは名古屋地方裁判所の裁判官であり、大学の女子学生の集いでお話を聞いたり、自宅（官舎）を訪ねたことがある。ふくよかな顔にえくぼが魅力的で、意志の強さは優しさあふれる語り口に隠されていたが、光り輝く女性《ひと》であった。

戦後、日本国憲法の施行を受けて法曹の道に進んだ先輩たちは、憲法の精神とかけ離れた現実のなかで、憲法を太陽の光として、苦しみ迷う人たちとともに歩み始めた。先輩たちはみな、強い使命感や高い志をもち、「男性の聖域」とされていた「法曹」という、女性にとって未開の道を切り拓いていった。ヒューマニズムにあふれ、すべての人に限りなく親切に寄り添い、職場では遠慮なく異議を唱えて、弱い人たちを護った。

いま女性法律家の活動分野は拡がっていて、女性差別・偏見の壁に出会うことはあっても、裁判官、検事、弁護士の仕事は、裁判所における事件の取組みや法的実務処理の領域において男女平等である。この度、四〇年を経て『女性法律家』が復刊となった。北極星のような三淵さんはじめ、北斗七星のように輝く女性法曹の先輩たちの「人生の歩み方」を読んでいただけるのは嬉しいことである。

二〇二四（令和六）年四月

弁護士　大脇雅子

復刊にあたって――女性法律家の現状

私が弁護士になった五〇年ほど前には、女性が日本の弁護士全体に占める割合は三％ほどだったが、令和四年には二〇％ほどになり、総数も約九、〇〇〇人となった。女性の占める割合が五〇％近くになるアメリカと比べると、まだまだであるが、何事にも動きの遅い日本としては、まあまあの進歩ではないだろうか。

アメリカでも女性法律家の進出はそれ程早くはなかったが、近年は増加の一途をたどっており、ここ数年はロースクールの学生の過半数が女性となっている。しかしながら、法曹界での男女差は依然として存在しており、法律事務所のパートナー、会社の法務部の責任者、会社の役員、裁判官、検察官など、リーダーシップのポジションに就いている女性は限られている。さらに、報酬面でも男女差があり、女性の法律家の報酬は男性の七七％から八四％にとどまっている。法律業務は長時間労働と重責を伴うため、特に女性にとってはワークライフバランス、ストレスとの闘いが大きな問題となっている。男女差別の解消やストレス解消に対処するため、組織内でメンター制度を作って、無意識のうちに行われる差別の排除、燃え尽き症候群の防止などに努める動きも出てきており、女性法律家がより働きやすい環境が整ってきている。「後は女性の頑張り次第」というところまで、あと一歩だ。

二〇二四（令和六）年四月

弁護士　伊　藤　廸　子

原版　はしがき

穂積重遠博士が民法の講義の中で、確か其角が荻生徂来のことをよんだ「梅ケ香や隣は何をする人ぞ」という句を紹介され、「梅ケ香や隣は女性法律家」といわれるように奥床しくよき隣人であって欲しいと語られた。爾来、私にとって人生の指針の一つになっているが、すべての法律家が心すべきことと思う。

女性の専門職としての法律家の誕生は、明治時代に実現した医師や学校教師に比べると大変に遅れ、昭和の第二次世界大戦直前のことである。法治国として法律が社会秩序の基盤とされる実体が日本に整わなければ、法律家という職業は一般的にならなかったのであるから当然のことといえよう。

戦後、国民の権利意識の高まりと価値観の多様化に伴って人間関係は複雑多岐になり、その最終的解決は裁判所の判断に俟つことになるので、裁判の対象となる事件の範囲が拡がるとともに専門性が要求されてきて、法律家に対する社会的要請は大きく拡がっている。そんな時代を反映して女性法律家への要請も高まっており、しかも既に四〇年余の実績をもつ女性法律家が、実務処理の上で女性差別を感じることはないし、これに係わる一般庶民の側にも女性であるからと懸念するようなことは殆どないのではなかろうか。

女性法律家の八〇％余りは弁護士である。弁護士は原則として医師のように専門分野を掲げてはいないので、どんな種類の事件でも一応、取り扱うことになっているが、法律問題が多方面にわたり、専門的知識を必要とする事件が増えて来たので、おのずから得意とする事件の傾向が分かれて来ている。女性弁護士は家事事件や一般の民事事件を扱っているのではないかと想像され勝ちであるが、本書の記述にもあるとおり、経済的・国際的にも実に多方面のしかも専門的知識を必要とする部門で活躍しておられるのには、同業者の私が目を見張るほどである。弁護士業の中に広く女性が溶け込んでしまって今や女性弁護士という呼称は性別を表わす以外何の意味もない。しかし、その中で女性弁護士が光彩を放っているのは、女性差別事件に対する熱心な取り組みであろう。停年に関する女性差別を次々に打破した労働事件をはじめとして、種々の女性差別事件にかける女性弁護士の使命感に燃えた活動が男女差別の解消に果たした役割は大きい。

有斐閣の前編集部長三倉三夫氏や中沢郁代氏から女性法律家についての企画のお話があり、「法律家」としてどのような活動をしているのか具体的にしかも読みやすいものをということで、十三人の弁護士で法律専門職を選んだ理由や各自の仕事について書いてみることになった。私のような戦前派から、男女平等の教育を受けて育った若い人たちまで、また、はじめから法曹への途を歩んで来た人の外に、一旦家庭の人となってから改めて法曹としての勉強をはじめた人など経歴の異なる人たちに、しかもできるだけさまざまの分野に活動される人たちで女性法律家像を描き出せたらと考えた。また仕事の分野では、専門的な裁判手続の進行やそれに伴う業務の数々についても、扱った事件をもとに、できる限りわかりやすく記述することに努めた。

執筆者は皆弁護士で現役の裁判官や検察官はいないが、何人かの元任官者が在官時代の経験を述べることにした。また学者については、法律と係わりなく大学制度の中の女性研究家という問題があるのではないかということで外すことにした。

女性法律家のごく一部の人たちのそれぞれの生き方の記録にすぎないが、女性法律家の仕事や生活を理解する上で参考になれば幸である。

昭和五八年五月

執筆者代表

三　淵　嘉　子

執　筆　者　（執筆順）

三淵　嘉子（み ぶ ち　よしこ）

永石　泰子（ながいし　たいこ）

佐藤　欣子（さ と う　きんこ）

鍛冶千鶴子（か　じ　ちずこ）

山本　清子（やまもと　きよこ）

宇野美喜子（う　の　みきこ）

若菜　允子（わ か な　まさこ）

土肥　幸代（ど　ひ　さちよ）

石川恵美子（いしかわ　えみこ）

大脇　雅子（おおわき　まさこ）

松尾　和子（ま つ お　かずこ）

笠原　郁子（かさはら　いくこ）

伊藤　廸子（い と う　みちこ）

目次

1 女性法律家の誕生とその歩み

2　裁判官・検察官の職務

＊扉写真　共同通信社提供

1

女性法律家の誕生とその歩み

ワシントンの官庁街にある司法省

1 私の歩んだ裁判官の道
―女性法曹の先達として―

三淵嘉子（弁護士）

昭和13年明治大学卒業。同年高等文官司法科試験合格、15年弁護士。24年東京地裁判事補、47年新潟、のち浦和、横浜各家庭裁判所所長、53年定年退官。現在、東京家裁調停委員、日本婦人法律家協会会長、東京都人事委員。

一　はじめに

日本にはじめて女性弁護士が誕生したのは昭和一五年六月であり、女性裁判官、検察官がはじめて任命されたのは戦後の昭和二四年四月のことであった。それから三〇年以上経った昭和五七年九月現在、女性弁護士は五〇九名（弁護士総数一二、二二〇名）、同裁判官は七九名（総数二、七六七名）、同検察官は二七名（総数一、一七三名）になり、毎年五〇名前後の女性法曹が生まれている。しかし、まだいずれも男性の五%にもみたない。

女性としてはじめて弁護士となり、また戦後は裁判官として定年退官まで三〇年間を勤めた私の一生は、女性法曹の四〇年の歴史そのものを歩んだことになるので、女性法曹の活躍を物語ろうとするこの本で私の来し方を述べながら女性法曹の歴史を述べてみたいと思う。

二　戦前の女性の生き方

▼教育における男女の差別

戦前の日本の社会構造は、国家主権者であった天皇を頂点として、すべて支配者対被支配者という人間関係で社会の秩序が維持される仕組みになっていた。完全な男性社会であったから、女性は常に被支配者であって、社会生活においては何の場も与えられなかったし、家庭においては常に男性に服従する立場にあった。家族制度における三従の徳が女性の生きる道であった。

長い間女性がこのような地位に甘んじていたのは、封建制度の治民政策である「知らしむべからず」によって女性に学ぶ機会を与えなかったからである。教育における差別こそ戦前の男女差別の根幹であったと思う。人間の平等にとって教育の機会均等が出発点であり、最も重要な要件である。

戦前の学校教育制は、小学校六年間は男女共学であるが、その後は男性は四年ないし五年制の中学校から三年制の高等学校へ、そして三年制の大学へ進学する途がある。私立大学は高等学校の代わりに附属の二年制の予科をもつものもあった。別に中学卒業後進学する三年制の専門学校もあった。これに対し、女性は小学校卒業後四年ないし五年制の女学校から三年制の専門学校があるのみである。女子大学と呼ばれても専門学校にすぎなかった。大学に進学するには高等学校か私立大学の予科を修了しなければならないので、この門が閉ざされている女性には大学へ進学する道はなかったのである。私が女学校を卒業した昭和七年頃は僅かに九州帝国大学、東北帝国大学（大正二年に女性三名がはじめて入学を許された）それに私立同志社大学等が特定の女子専門学校卒業者に対して入学を認めていたにすぎない。なお、中学校と女学校では教科目もその内容も異なっていたのである。

戦前は女性には参政権がなかったばかりでなく、大正一一年までは政治的な集会や講演会に出席することさえ禁止されていたくらいで、女性が政治や法律の知識を得る必要はないとされていたので法律や政治を専門教科とする女子専門学校は存在しなかった。特別の先覚者を除いて、女性が社会的・法律的に差別されている不合理について目を開くための教育のチャンスは閉ざされていたのである。

▼女性と弁護士

しかも戦前の社会常識では女性が職業を持つということは極く例外のこととされ、女性が職業につくのは却って不幸なことのように思われていた。しかし一方において女性の解放は経済的自立が必要であるという思想も浸透して来ており、医師や教師の専門職は社会的に既に容認されていた。

弁護士については明治二六年に施行された弁護士法にその資格として「日本臣民ニシテ民法上ノ能

力ヲ有スル成年以上ノ男子タルコト」と定められ、女性は除外されていた。この弁護士法が昭和一一年に改正されて弁護士となるのには「帝国臣民ニシテ成年者タルコト」となり、女性にもその資格が認められることとなった。

改正された弁護士法によれば、弁護士になるには高等試験令による司法科試験に合格した後一年半弁護士試補として修習しなければならなかった。当時司法科試験を受験するには、高等学校または文部省が特に指定した専門学校の卒業生または大学学部在学中か卒業生でなければならなかった（予備試験を受ければ学歴は全く不要であるが、この試験は至難のものと聞いている。この点は現在も同様である）。女子専門学校で文部省からこの指定を受けたものは皆無であったから、女性が司法科試験の受験資格を持つには大学在学中か卒業生になる外ない。しかし、前述のように女性に門戸が開かれている大学は極く限られていた。法律では解禁されたが受験資格を得ることは依然狭き門であった。

ところがたまたま女性も弁護士になれる法の改正があることを察知した明治大学が、昭和四年に女性のための法律専門学校を創設し、その卒業生は明治大学に入学を認めることになったので、女性が法律を学べる唯一の大学が東京に存在することになった。

▼**明治大学入学**

私は当時としては非常に民主的な思想を持った父のお陰で、そのアドバイスで法律を学ぼうと決心した。たまたま女性が法律を学べる明大女子部のあることを知り、入学手続に必要な卒業証明書を出身女学校にとりに行ったところ、法律を勉強すると聞いた受持の先生は、私の将来を案じられて何とか翻意させようと一生懸命に説得されるのであった。私は父の後押しがあったので、ありがたいと思いながらも先生の説得に負けず頑張ってやっと卒業証明書を出して頂き入学手続を済ませた。ところが法事で郷里に行っていた母が帰京してこのことを知ると泣いて怒って反対するのである。たった一人の娘の私が法律等を勉強して将来自立できる当てもないし、第一嫁の貰い手がなくなると嘆くのであった。これも父と二人で何とか説得することができた（ありがたいことに母はそれから後は私が弁護士になるまで、誰よりも熱心な応援者になってくれたのであるが）。

しかし明大入学後、知人に出会ったとき今どうしているかと聞かれ明大で法律を勉強していると答えると、とたんに皆一様に驚きあきれ、何という変わり者かという表情で「こわいなあ」といわれるのにはこちらが参ってしまった。爾来他人には法律を勉強していることは言うまいと決心したのであるが、自分でも少しは人と変わった途を選んだと思ってはいたが、何か日陰の道を歩いているような口惜しさを覚えずにはいられなかった。

明大女子部に入学してみると近く女性も弁護士になれるということで、先輩達はその日のために熱心に受験勉強をされている有様に、私も法律を勉強するからには弁護士になろうと決心したのである。女子部の私の級は入学時五〇人近くいたのが、卒業時には半分の二〇人余りに減ってしまった有様で、女子部全体で一〇〇人余りという専門学校というよりは塾と呼ぶのがふさわしいような小さな学校であった。生徒も女性解放の意気に燃える女闘士やら、私のように世間知らずの女学生等年齢も一〇歳代から四〇歳を超える年輩の女性までまことにバラエティーに富んでいた。ともかく普通の女子専門学校にはない厳しいしかも大人の雰囲気があった。

女子部から学部に入学して男子学生と共学となったが、小学校卒業以来異性とは全く交渉のない当時の学生にとっては、お互いに関心はあっても口を利く勇気はなく、女子学生は常に教室の前の方に集団で席をとって授業を受け、授業外でも女子だけで行動する有様で、やはり女子学生は男子学生の勉学の場を拝借させて頂いているという感じだった。しかし東京で法律を学べる唯一の大学である明大を目指して来た女子学生の中には優秀な人が多く、また勉強も真剣であったから成績に関しては本家の男子学生を凌ぐものがあり、当時の明大の男子学生にとって女子学生の存在は競争刺激剤としての存在意味があったのではなかろうか。

▼女性弁護士の誕生

昭和一一年にはじめて女性が司法科試験を受験したが、残念ながら合格者はいなかった。二年目には田中正子氏が筆記試験に合格された。このことは女性の受験者にとって大きな励ましとなったが、残念なことに口述試験は不合格であった。女性だから落としたのではないか等というデマが飛んだりしたが、翌一三年には田中氏をはじめ久米愛氏と私の三人の女性が合格した。合格者総数二四二名中の三名であった。

昭和六年には満州事変が、昭和一二年には日中戦争が始まり、日本の国情は軍国主義へまい進していた時代であったから、女性は家庭にあって銃後の守りにつくべしという要請が強調されていたときに、女性弁護士の誕生は当時の国の指導方針から見れば好ましからざる現象だったに違いない。しかし、そんなうっとうしい社会状勢に反発する明るいニュースとして当時のマスコミは女性弁護士の誕生を大々的に報道し、当の三人が当惑する程であった。中でも多くの新聞記者が弁護士を志した動機について、か弱き女性の味方になろうとしたのだろうとやっきになって質問するのには、私は全く当惑した。法律を学んで余りにも女性の地位や権利が惨めであることを思い知らされ、殆どの女性がそのことを知らずに生きている恐ろしさに心を痛めてはいたが、私が弁護士を志した動機、そしてこれから弁護士として生きていく目標がか弱き女性のためかといわれると「ハイ」とはいえなかった。女性を含めて困っている「人間」のために何か力になりたいという思いだった。この気持はそれ以来今日まで通じて変わらない。あるいは自分の周囲に女性であったために不幸になったという実例を知らなかったからかもしれないが、私には女性のためにという目標がなかったばかりか、女性であるという自覚より人間であるという自覚の下に生きて来たと思う。むしろ女性だからという甘えや口実の方が私には許せないことだった。人間として全力を尽くすとき女性は男性に比べて何の差もない。あるのは個人差だけだと信じて来た。社会的にも法律的にも名実共に弱者であった女性を助けるために弁護士になったといえば恰好よいには違いなかったが、私にはどうしても素直にそれを肯定することができず新聞記者とやりとりをしたことが忘れられない。今にして思えば私の一生の生き方に係わることであった。人間として男性も女性も同じだという信念である。

その後終戦までに八名の女性弁護士が誕生したが、その殆どが明大出身者であるのは、明大が女性のために法学教育の門を開いたからであって、戦後男女の教育が機会均等になり女性に大学の門が開かれてからは女性法曹は全国の大学出身者に拡がっていったのである。

▼弁護士試補時代

昭和一一年に改正された弁護士法は従来なかった弁護士試補制度を取り入れ、一年半の修習制度を新設した。弁護士試補の修習は各弁護士会が実施することとなっており、東京には東京弁護士会、第一東京弁護士会、第二東京弁護士会の三弁護士会があったが、田中、久米の両氏は第一東京弁護士会で、私は第二東京弁護士会で修習を受けることになった。当時は大学出たての司法科試験合格者は殆ど裁判官や検察官を志して司法官試補になったので、弁護士試補は年輩の人が多かった。司法官試補は官吏として給与が支給されたが、弁護士試補は一年半の間無給である。家庭を持った年輩の男性が念願の司法科試験に合格しても、一人前の弁護士になるため一年半無給で修習を受けなければならないということは大変なことである。修習制度を新設したのは弁護士の資質向上のためであるが、その間無給というのはいかにも官優遇の戦前らしいやり方であった。戦後は司法試験合格者はすべて司法修習生となり、二年間の研修期間中給与を受け修習終了後その志望に従って裁判官、検察官、弁護士の途を歩むことになったのである。当時は、弁護士試補修習の経費が国から弁護士会に交付されたので、各弁護士会はこの交付金から経費を差し引いた上で所属の試補に手当を支給することにしていた。

各弁護士会毎にその金額は異なったが、私の記憶によれば月額二〇円くらいが支給されたと思う。私立大学出身者の初任給が月額四五円くらいではなかったろうか。

私から見ると父親のようなオジサン方の多い弁護士試補の修習は心が重かった。討論の場で若い小娘が年輩の男性の自尊心を傷つけるような議論ははばかられ、遠慮しながらの発言で常に欲求不満が胸にたまっていた。終戦後、男女平等の宣言がされたと聞いて思わず風船玉が天に登るような解放感を味わったとき、まず考えたことは、これからは女だといって遠慮しないで物が言えるのだということだった。その後裁判官になって、自分の信念に従って事を処する生き方をするようになって職業柄ますます自分の正しいと思うことはいかなる場所でも発言するようになったが、今になって思えば、いろいろ制約の多いこの世の中で、女の私がそんな生き方ができたことは素晴らしいことだと思う。

▼第二次世界大戦中

昭和一六年に第二次世界大戦が始まると、訴訟事件殊に民事事件は国が戦争をしているのに国民が私的な争い事でお上を煩わすとは何事かという風潮で、次第に事件が減少した。たとえば私が受任していた離婚訴訟は、妻の不貞を理由とする夫からの離婚請求で、不貞を否認する妻としてはその名誉にかけて争っていたのであるが、訴訟中に夫へ召集令状が来たところ後顧の憂いなく夫が出征できるようにということで妻の意向も何のその忽ち協議離婚が成立して訴訟は取下げになり、代理人としてはあっ気にとられる思いであった。戦争のためには個人の名誉等物の数ではなく、筋を通すより話合いで事を解決するという時代であった。たまたま私自身の結婚や育児の時期に重なったこともあり、弁護士業は開店休業の状況になってしまった。

▼裁判官志望

戦後、出征していた夫が引揚途次に戦病死したので私は経済的自立を考えなければならなくなった。それまでのお嬢さん芸のような甘えた気持から真剣に生きるための職業を考えたとき、私は弁護士より裁判官になりたいと思った。

昭和一三年に受験した司法科試験の受験者控室に掲示してあった司法官試補採用の告示に「……但し日本帝国男子に限る。」とあったのが私には忘れられなかったのである。筆記試験に合格して心に余裕と自信を持ったせいか、その告示を読んで、同じ試験に合格しながら何故女性が除外されるのかという怒りが猛然と湧き上がって来た。それまでは女性にも弁護士の途が開かれて本当によかったと思うくらいであったのに、男女不平等が当然とされていた時代に生きていた私にとってはそのときの怒りがおそらく男女差別に対する怒りの開眼であったろう。当時は司法官のみならず女性は官吏には採用されなかった。前述したとおり旧弁護士法には弁護士資格として男子であることが法律で定めてあったが、裁判官、検事を含めて官吏については男子でなければならないという法律の定めはなかった。昭和五年に今の上級公務員試験に相当する高等試験令による行政科試験に女性から受験願書が提出されたのに対し、ときの法制局は女性の受験を拒むべき法律上の制限なしという解釈を出して女性の受験を認めたのであるが、昭和一六年にはじめて女性がこの行政科試験に合格したにも拘らず、この女性は高等文官として採用されるには至らなかったのである。戦後になって法務省の役人に戦前女性を官吏に採用しなかった根拠を質問したことがあったが、法律上女性不採用の規定はなかったが、民法上女性は婚姻によって法律上無能力になる、すなわち夫の同意がなければ重要な法律行為ができないので、無能力になるような者に国の仕事は委せられないというのが運用上の理由づけであったのであろうという答えであった。理由としては何とも薄弱であるが、当時としてはそれ以上の理由は必要なかったのである。

ともかく、私は男女平等が宣言された以上女性を裁判官に採用しない筈はないと考えて裁判官採用願を司法省に提出した。当時司法省の人事課長であられた石田和外氏（後の最高裁判所長官）が私を坂野千里東京控訴院長に面接させた。院長ははじめて女性裁判官が任命されるのは新しい最高裁判所発足後がふさわしかろう、弁護士の仕事と裁判官の仕事は違うから暫くの間司法省の民事部で勉強していなさいといわれ、裁判官としての採用を許されなかった。間もなく新憲法が施行され最高裁判所が発足するという昭和二二年三月のことであった。

私は司法省民事部で民法改正事業の手伝いをしたり、引き続いて最高裁判所事務局民事部や家庭局で民事訴訟や家庭裁判所関係の法律問題や司法行政上の事務に携わりながら、先輩法曹との交遊を通じて裁判官のあり方や裁判の意義について指導を受けることができた。この間に学んだものがその後の私の裁判官としての生き方の根幹になったと思う。東京控訴院長に裁判官採用を拒否されて不満に思う気持がなかったとはいえないが、その後東京地方裁判所裁判官の頃たまたま通勤電車の中で既に退官された坂野前東京控訴院長にお目にかかったとき、私は改めて自己紹介をした上で当時の御配慮に対して心からお礼を申し上げたのである。

三　女性法曹の任官

昭和二四年四月に、司法研修所で司法修習生としてはじめて男性と共に修習された石渡満子、門上千恵子両氏が判事補と検事に任官された。いずれも女性として最初の任官者である。これからが男女対等の女性法曹時代のはじまりというべきである。私も同じ年の八月に最高裁判所家庭局から東京地方裁判所民事部の判事補となった。裁判官を志して約二年を経ていた。

▼戦後の法曹の機構

立法、司法、行政は各独立した機関が行うべきであるという三権分立の原則は戦前の憲法からあったが、戦前は司法権を行う裁判所の司法行政は行政官庁である司法省が行っていた。たとえば裁判官の人事は司法省が握っていた。日本国憲法は三権分立の原則を完全にするため、最高裁判所を設けて司法行政権を行わせることとし、裁判所は司法省から独立したのである。裁判官の任命は最高裁判所長官（任命は天皇）を除いて内閣が行うが、その人事権たとえば任地や任務の決定は最高裁判所が行うことになった。検察官については従来通りで法務大臣が人事権をもっている。また弁護士については戦前は司法省の監督下にあったが、日本弁護士連合会が設立されてすべての弁護士は日本弁護士連合会に登録され、その監督は各地区弁護士会を通じて連合会が行うことになり司法省（連合会設立当時は法務省）から独立したのである。

▼初期の女性裁判官

昭和二四年以降毎年のように一名ないし二名の女性裁判官が任命された。初期には女性裁判官はすべて東京地方裁判所に配置されていたが、そのうちに大裁判所であるとはいえ女性裁判官を全員東京地方裁判所に置くわけにはいかなくなり東京以外の裁判所にも配置しなければならなくなった。ところが、地方の裁判所の中には女性裁判官を敬遠するところが多く、殊に小人数の裁判官しかいない裁判所は、女性裁判官は十分に活用できないとして歓迎しなかったようである。はじめて女性裁判官を受け入れる側には女性に対するいたわりからか、たとえばやくざの殺人事件や強姦事件等を女性裁判官に担当させることははばかられるという気分があって女性裁判官は男性裁判官と同じようには扱えないと思うようであった。従来の女性観からいえば無理のないことかもしれない。しかし、どんなに残酷な殺しの場面でも、またしゅう恥心を覚えるようなセックスの光景でも一旦職務となれば感情を乗り越えて事実を把握しなければ一人前の裁判官ではない。女性裁判官は当然のことと考えていたにも拘らず周囲がうろたえていたように思う。女性が職場において十分に活躍できない原因の一つに男性側の女性への優しいいたわりから来る特別扱いがある。裁判官のみならず検察官、弁護士の場合でも女性に対しては初期の頃は男性側が必要以上にいたわりの心遣いをし、それが女性法曹を扱い難いと思わせていたのではなかろうか。

職場における女性に対しては女であることに甘えるなといいたいし、また男性に対しては職場において女性を甘えさしてくれるなといいたい。私が東京地方裁判所に裁判官として配置されたとき裁判長がはじめていわれたことは「あなたが女であるからといって特別扱いはしませんよ」という言であった。その裁判長は私の裁判官生活を通じて最も尊敬した裁判官であった。

このように女性裁判官の配置が大裁判所に片寄り勝ちなことに対して批判が起きたのは同僚である男性裁判官側からであった。女性だけを特別扱いするのは逆差別であるという意見が出て来て、憲法の番人である裁判所としては女性裁判官を男性裁判官と平等に扱うことになり全国各地の裁判所に配置するようになったのである。

▼女性裁判官と転勤

裁判官はその職務執行に際し、他からの圧力に左右されることのないよう身分の保障があり、転勤についてもその意思に反してなされないと法律で定められているが、全国の裁判所を等質なものにするためには、優秀とされる裁判官を大裁判所ばかりでなく辺地の裁判所にも配置することが必要であるということで、裁判官、殊に判事補は三年毎に全国的に転勤させる人事交流が昭和三〇年頃には定着して来ていた。

女性裁判官は結婚すると転勤によって夫と別居しなければならない。しかし、男女平等の原則に従って最高裁判所は女性裁判官の家庭的事情等考慮することなく人事の交流を行っていた。また女性裁判官も裁判官の一員としてこの転勤を受け入れていた。中には家庭の事情で転勤ができず已むを得ず退官する人もなくはなかったが、そのうちに裁判官になる以上定期的転勤があるということを承認した人達だけが任官を志望するようになったので、転勤を理由に退官する女性は殆どなくなった。しかし夫妻とも裁判官であるのにたとえば夫は北海道、妻は関西の裁判所に配置するというような画一的平等な人事が行われるようになって、部外からもいろいろ批判が出るようになって来た。

若手の男性裁判官の場合は人事移動に際して、夫婦別居等という家庭的な事情を考慮する必要は殆どなかったから、結婚により、転勤の際に家庭的配慮が必要な女性裁判官は扱い難いとしてその採用を敬遠する動きが昭和三〇年頃になると最高裁判所に現われて来た。判事補採用の面接考査の際の女性修習生に対する意地の悪い質問や任官を思い留まらせようとするかのような指導教官の説得が女性法曹の間で問題にされたこともあった。

ちょうど戦後の男女平等風潮に対する反動期で、日本の各職場で女性に対して拒否的な動きが高まった頃であった。裁判官のみならず検察官についても女性を採用しない年が何年か続き、また弁護士事務所でも女性弁護士不採用をはっきりと表明する例が目立っていた。女性法曹の集りである日本婦人法律家協会は最高裁判所、法務省、日本弁護士連合会に対し、憲法違反になるような女性差別はしないように何回か要望書を提出したり、担当責任者を説得したりしたものである。

そんな状態が一〇年余も続いたであろうか。女性の司法試験合格者が年々増加して来たことや女性法曹の真価が法曹界で認められて来たこともあってか、女性法曹の採用に際しての差別は次第に目立たなくなって来た。また裁判官人事も裁判官夫妻はなるべく同居できるような任地についての配慮もされるようになった。しかしそれでも同じ裁判所に夫婦裁判官を配置することはしなかった。本庁と支部、地方裁判所と家庭裁判所というように別の裁判所に勤務させる。そんなときはどういうわけか妻の方を家庭裁判所に配置するので、むしろ地方裁判所の裁判官に適していると思われる女性裁判官も、夫が裁判官であるために家庭裁判所勤務ばかりをさせられる時代が続いた。しかし、そのうちに夫の方が家庭裁判所に配置されるということも出て来たし、また同じ地方裁判所の民事部と刑事部に配置される例も出て来るようになって現在に及んでいる。私は三人で構成する同一の合議部に夫妻で配置されても、合議の結果がいつも夫妻同一結論になるとは考えられないので（仕事の上では全く独立した人間であるから）、そんな配置があってもいいと思うが、もう一人の裁判官がやり辛いということもあってか、今のところそんな人事は行われそうもない。

▼女性裁判官と家庭裁判所

完全な男性社会であった裁判所に新たに女性裁判官が出現したとき、その受入れ態勢の一案として、昭和二四年一月に新しく発足した家庭裁判所の裁判官が女性の適職ではないかという意見があった。

家庭裁判所は家庭の紛争を解決しその福祉をはかる家事事件と、非行を犯した少年の更正保護、教育を考えてその処遇をきめる少年事件を扱う裁判所であるから女性裁判官向きであるというのである。昭和二五、六年頃のことであったが、たまたまＮＨＫで田中耕太郎最高裁判所長官を囲んで法曹人の座談会があり、私もその末席を汚した。その中で長官は女性本来の特性から見て家庭裁判所裁判官がふさわしいと思うと発言された。私は家庭裁判所裁判官として適性があるかどうかは個人の特性によるので男女の別で決められるべきではないと思うと小生意気に反論したが、最高裁判所長官がこのように考えられるようでは大変なことになると内心大いに警戒したのである。私は最高裁判所家庭局で家庭裁判所関係の仕事をしたことがあり、年齢的に見ても家庭裁判所裁判官にふさわしいということでその第一号に指名される可能性が十分にあった。先輩の私が家庭裁判所にいけばきっと次々と後輩の女性裁判官が家庭裁判所に送り込まれることになろう。女性裁判官の進路に女性用が作られては大変だと思った私は、まず法律によって事件を解決することを基本とする訴訟事件を扱う裁判官としての修業を十分に積んだ上で、人間の心を扱うといわれる家庭裁判所の裁判官になろうと自分の方針を立て、人間的に成熟するであろう五〇歳前後にならなければ家庭裁判所裁判官は受けまいと決心し、裁判所にもそのように志望を明らかにしておいた。そして私は一三年余り地方裁判所の裁判官をつとめて四八歳になったとき東京家庭裁判所へ転勤した。その間家庭裁判所への転勤の話も出なかったし、女性裁判官の配置が家庭裁判所に片寄っているとも見えなかったので、女性裁判官の家庭裁判所適性論は一時の一部の意見に止まったのかと安堵したものである。

ところが、私が家庭裁判所へ配置された後女性裁判官の先輩グループが次々と家庭裁判所へ配置されるようになった。よく考えてみると私を始めとして女性裁判官の先輩グループがそろそろ裁判長（部の総括者）に指名される時期になっていた。地方裁判所では三人の裁判官の合議で裁判が行われることがあるが、家庭裁判所では原則として単独裁判であるから、女性が裁判長の席に坐り、両側に男性裁判官が坐るということはない。地方裁判所に配置されていれば裁判長になるべき女性裁判官達が次々と家庭裁判所に送り込まれてくる事実を見て、女性を裁判長にすることに男性裁判官の抵抗があるのであろうと思わざるを得なかった。その頃家庭裁判所に集められた女性裁判官達は折に触れ、この上は誰にも負けない家庭裁判所のベテラン裁判官になろうと励まし合ったものであった。

▼女性裁判官の躍進

昭和四七年六月、私に新潟家庭裁判所所長の発令があった。それこそ突然のことで思いもよらない人事であった。そして昭和四九年には東京高等裁判所判事と東京地方裁判所の部の総括者（裁判長）に女性裁判官が任命されたのである。東京の裁判所でそういう人事が行われたことは裁判所に公認されたという意味をもつと私は考えた。頭上を覆っていた天井がつき破られ女性裁判官の昇進の途が開けたような感じであった。

裁判官の生きがいはよい裁判をすることで、裁判長とか所長とか長官になるというような昇進は裁判官の目標ではない。偉くなりたいのなら行政官の途を行けばよいと先輩からも聞かされていた。殊に所長になって司法行政事務を処理してみて、裁判に比べ、部内の秩序を保ち、職員が各自の能力を十分に発揮して働き良い態勢と雰囲気を作る行政事務（これが私の所長としての心構えであった）は裁判官を志した者にとっては生きがいや魅力を感じる仕事ではなかった。しかし、それが裁判官として一つの昇進のポストである限り、女性裁判官にも男性裁判官と同様にその門戸が開かれていなければならない。裁判長、高等裁判所判事も同様である。裁判所内の昇進のポストとしてはまだ女性に解放されていないものがいくつもあるが、やがてそれらのポストを女性が占めるのも時間の問題であろう。

法律を守りそして正義公平を具現しようという高い理念を掲げる裁判の仕事は男の聖域であるという意識が、「男性社会」時代の裁判官にあったことは否定できない。その聖域に女性裁判官が侵入して来ることへの抵抗は、男女平等という憲法の理念だけで洗脳することは難しい。現実に女性が男性と共にその責任を果たして行く実績が必要であろうし、仲間意識をもつに至る信頼関係の発生がなければこれを除去することはできない。しかし、時の推移と共に戦後の男女共学の途を経て裁判官となった人達が増加してくれば、男性社会の聖域という意識をもつ人達は次第に減少してくるであろう。時間の問題というのはそういう点からもいえる。

私は裁判所に入って以来前述のような人事の面での抵抗を受けたこと以外に女性であるが故に差別されたと思ったことは一度もない。仕事の面では裁判事件は裁判官の所属する部に一定のルールの下に配てんされるように定められていて、事件によって裁判官への配てんをほしいままに変更することはできないから、事件の分配について男女によって差別することはできない。制度上事件の分配が平等であることは女性裁判官に男性裁判官と仕事の上で平等のチャンスを与えているのである。

四　おわりに

▼生涯をかける仕事として

昭和五四年に停年で裁判官を退職し、再び弁護士の登録をした今、顧みて裁判官であったことは私にとって最高の女の人生であったと思う。

長い裁判官生活を通じて私が深く感銘を受けているのは、男女平等が憲法の理念である以上、男性裁判官は法律家としてこの理念に忠実であったということだ。個人としては保守的な男性優位の考えを持つ人が寧ろ多いのではないかと思うが、私の接した限り、公の場、仕事の場ではそれを表わされることはなかった。戦前女性が差別されるのが当然であった時代に成長した私にとって裁判所での生活は名実共に革命的であった。更にこの管理社会の世の中で仕事に関する限り他からの圧力に影響されることなく自己の信念に基づいてすべてを処理できる職業は男女を問わず他には考えられない。このことは弁護士についてもいえることである。私は生涯をかけて男性と対等に生き抜く仕事を志す女性に向っていつも信念をもって法曹の道に進まれることを勧めている。

2 裁判官・検察官の職務

パリの警視庁

2　女性法曹に開かれた裁判所の扉
―民事事件をめぐる裁判官と弁護士―

永石泰子（弁護士）

昭和18年9月明治大学女子部法科卒業。戦後中央大学法学部に進み、昭和24年同学部卒業。昭和26年裁判官に任官、昭和51年退官。弁護士登録。明治大学法学部講師。

一　女性裁判官が数名しかいなかった頃

▼法曹としての巣立ちを裁判官として

それほど堅い志を立てたわけでも、また深い動機があったわけでもなかったが、法曹としての巣立ちに私は裁判官の道を選んだ。当時はまだ戦後数年しかたっていなかったので、女性裁判官は全部で五名。最高裁判所で辞令を頂戴し、心細げに西の方へと赴任したのである。とに角珍らしいものがきた、とばかり女の裁判官というだけでよく新聞に出された。性、派手ならず、どちらかといえば引っ込み思案の身にとっては、有難くもなかった。

職場に男と女がいる場合、男が上司で女はその下で補助として働く形ができ上がっていた時代のことであるから、内外ともに女の裁判官は異質というか、異様な存在であったのだろう。ことに一般の人々は男であっても裁判所、検察庁などは何となく近より難く、いかめしいところと思っている。そんなところにどういうつもりか女が乗りこんで来た。変わった女だとの先入観からか、私どもの時代はこうした既成の見方にしばしば悩まされ、反面稀少価値的扱いもされた。男なら裁判官ということだけでは新聞のはしにも出ないのに、女なるが故にすぐ新聞に出る、ラジオ（この時代まだテレビはない）に出る、有名人面するな、ちやほやされていい気になるなとやっかみ半分の注意もされたものである。

▼女性裁判官への風当たり

先輩、同輩の裁判官諸氏も、女が裁判官になることについてはそれぞれ意見があったようだ。大体は温かく受け入れて下さった、と言えるかもしれないが、中には女が合議体に入ると合議しにくいから――まだ経験していないのに――と、頭から自分の陪席として入れることを拒否する裁判長や、もっと率直に「ぼくは女が裁判官になるのは反対だ、第一、被告人（刑事裁判で訴追される人を被告人という）が納得しないよ」などという男性裁判官もいた。裁判の世界を男の聖域視する考えは、そう簡単にはなくなるものではない。既成の社会の枠を破ろうとする者に、風当たりが強いのはやむを得ないことだったと思う。

しかし、今振り返って見ると、その風当たりは戦前のそうした女性に対するものより、はるかに弱かったといえよう。ともかく「大日本帝国」は亡んだのだし、連合国の占領下にあって、いわゆる日本の民主化が強力に押し進められ、男性支配の社会は徐々にではあるがくずれつつあった。民主主義日本としての出発、それを方向づける新しい憲法。憲法がうたい上げた司法権の優越的地位。憲法の守り手になろうとの使命観に燃えて裁判所の門をくぐった、ういういしい世代がそこにはあった。戦後誕生した司法研修所を出た新米の裁判官であっても新しい日本を担う気概に燃えていた、といえよう。女性裁判官もそうした中にあって、民主主義と男女平等の大きな旗を掲げて、一所懸命に歩き出したのである。

▼女性を理解する?

もっともこの道も、決してそう平坦だったわけではない。裁判官任用の鍵を握る最高裁判所の事務総局の人事担当者や、司法研修所教官により、女性の任用が色々な理由をつけて差別的取扱いをされたことは何回かあった。とくに夫の仕事の関係上転勤がままならぬ場合とか、妊娠、出産のため仕事を休むということなど、女性裁判官がネガティブな存在と見られる大きな原因となったようである。また、勤務地の裁判所の所長によって、女であるからという理由で仕事の配転に男性裁判官と違った配慮がされることも、はじめのうちはそう珍らしいことではなかった。それは所長の人柄とか、個人的な考えによることが多く、その配慮も本人にして見れば差別ではなく好意であったのかもしれない。事実、大たいは温情厚く、紳士的な方々であったし、女性裁判官を丁重に扱ってくれた。しかし、同じ試験を受け同じ修習を終え、同じ任用方法を経て第一線に出た者にとって、裁判官としての貴重な経験を得る機会の喪失にもつながることになるのである。一例として、私自身の判事補時代のある小さな経験を披露しよう。判事補という制度のことについては、あとで改めて述べるつもりである。当時、任官したばかりの裁判官は先ず判事補になり、判事補としての十年間に大、中、小それぞれの規模の異なった裁判所での勤務を経験し、かつ、地方裁判所、家庭裁判所が独立しているところの勤務に当たっては、なるべく両方の裁判所の仕事を経験し得るような配置が望ましい、とされていた。各地の裁判所の先輩裁判官もその趣旨にそった人員配置に協力していた。

私がある裁判所に着任し、同じ裁判所の十数名の判事補とともに配置がされる段になって、家庭裁判所所長に呼ばれた。所長の言うことは、要するに女には母性本能があり適性にそった仕事をするのがよい、少年事件は母性本能を持つ女性に最もむいているから、家庭裁判所では少年事件をずっと担当したほうがいい、というものである。私としては裁判官の仕事の経験を積む重要な時期であるから、母性本能の十分な発揮はともかくとして、いろいろな仕事につかせて欲しい、少年事件はすでに何年も経験したから、いま、さらに家庭裁判所での執務を、といわれるなら未だ経験していない家事事件を担当させて頂きたい、と希望した。ところが、所長のいわれるのは、家事部には女性の調査官を配置しているし、調停委員に女性が沢山いる、女どうしでいざこざがおこり、うまくゆかないだろうからその配置は好ましくないと。私はその所長が或る種の伝統的日本男子らしく、「女子と小人は養い難し」的信念を持ち、女は嫉妬で同性いがみ合う存在である、との思想を堅く持ち続けているらしいことに驚嘆した。

▼判事補制度

裁判官という名称は、一般の人々から判事と同じに使われることがあるが、裁判官は最高裁判所判事、判事、判事補、簡易裁判所判事の総称である。司法試験に合格して後、司法研修所の修習を修了して裁判官に任命される場合、年齢の高い者が例外的にいきなり簡易裁判所判事に任命されるのを除き、判事補となる（簡易裁判所判事には、司法試験を経て司法研修所を修了するコースを通らない者も採用される。この場合は簡易裁判所特任判事と呼ばれ、判事や弁護士となる資格はない）。判事補として十年経過し判事に任官すると、公判廷で単独で裁判する資格ができる。しかし特例があって五年経過した判事補に、判事と同じ仕事をする資格を認める法律ができて、現実には判事補の期間が五年にちぢめられたような結果となってしまった。この特例法は、臨時的なものとして定められたはずだったが、判事の数が足りないため恒久的な制度となったようである。

▼判事補と法曹一元

判事補の制度を設けたのは、そもそも戦後わが国がアメリカの影響を受け、英米の法曹制度を範とした法曹一元の考えが基本にあってのことであった。法曹一元の考えというのは、判事を弁護士、検察官経験者の中から選任しようとするものである。弁護士、検察官（主として弁護士）の立場で法曹経験を得た者の中から、ふさわしい者を判事として選任するのが、真にいい裁判をする判事を生み出すゆえんとなるとし、かつ裁判官に一般公務員より一段高い待遇を認め、もって、憲法で優越的地位を認められる司法の担い手にすることを目ざしたものであった。判事補はこうした制度の下で、裁判所で十年の法曹実務経験を得さしめるためのもので、十年経過後改めてそのなかから適格者を、弁護士等経験者の場合と同様に判事に選任しようとするために設けられたものであった。

しかし、日本には弁護士経験者を裁判官の主流にする制度を育てる社会的地盤はなく、むしろ裁判官も官僚制度の枠内で把握されてしまう。官尊民卑思想も依然抜け難く、こうした社会的背景のもとで司法研修所を出るときに裁判官を目ざした者は、そのまま裁判所のなかで裁判官としての修練を積み、職業裁判官として人生の大半を過ごすのが常道となってしまった。一方、弁護士の道を選んだ方も、転勤その他で頭をおさえられぬ自由業をよしとし、弁護士業務を中途で放棄して裁判所に入ることは、事務所の経営形態の上からも実際上むずかしいので、弁護士として定着してしまう。

こうした背景で何時の間にか、判事補は判事のひよこである、ということになってしまった。わが国に法曹一元が育たなかったことは、官僚の一環としての職業裁判官群、裁判所を自分達の手で作り上げようとの意識の低い弁護士群とを持つ結果となってしまった。法曹全体、さらには日本国民にとり大きな損失であった、と思う。

▼なりたての判事補

さて、なりたての判事補は判事見習的存在で、法廷で単独の裁判をすることはできない。しかし、合議事件では陪席裁判官として合議体（三人構成）の一員となる。裁判の合議をするとき、合議は多数決で決まるので裁判長と同格である。時には、仕入れたての知識で裁判長と丁丁発止の議論をして一歩も引かず、右陪席の賛成を得て裁判長を孤立させてしまうこともある。とはいうものの、裁判官としての経験は浅く、世の中の実情も知らぬことが多く、事実を見る目も十分ではない。何年かたって、あの時の議論は自分の読みの浅さ故であった、とつくづく反省させられることも少なくない。とまれ法律学の研究とともに、世情探究もおろそかにできない。諸先輩の話を聞き、判例を読み、裁判を通じて見る社会の裏側、人間の弱さに、人の世は法律学や論理学の枠外で営まれていることを思い知らされる時代でもある。

二　民事の裁判のこと

▼裁判と庶民感覚

在職中、私はどちらかといえば民事の裁判を多く担当した。そこで民事事件を中心に裁判官の仕事を紹介しよう。

民事事件とは、私人間の法律上の紛争について権利、義務を明らかにする裁判である。例えば、金銭の貸借、売買、土地や家屋など不動産の取引、その明渡し、交通事故その他もろもろの不法行為――薬物、食品、工業製品などに関する製造過程での事故は戦後増加して新しい型の不法行為責任が問題となっている――による損害賠償、離婚及びこれに伴う慰謝料などである。

古来、裁判というものは善良な庶民に好かれない。ある旧家の家憲に「訴訟をなさないこと」が掲げられていたとのことである。訴訟をしてはならない、とのいましめは色々な意味があろうが、日本人の国民性というか、ことに一般の日本人は裁判沙汰にすることを好まない。自分が裁判を起こすことばかりか、何らかの形で裁判にかかわり合うことを嫌う。運悪く訴訟を起こさなければならなくなり、あるいは訴えられておずおずと裁判所の建物に入り、廊下をうろうろと迷いようやく教えられた法廷にたどりつく。なかには間に合わせ的なチャチな法廷もあるが、大体は天井が高く、薄暗く、何やら十九世紀的雰囲気がただよっているようだ。正面に黒い法服をまとい、一段と高い席に坐り堅い表情で見下しているのが裁判官である（裁判官は一人のことも三人のこともあり、三人のときは合議の裁判である）。一般庶民にしてみれば足がふるえるようにこわい。思うことの十分の一もしゃべれなかったり、訴訟と関係のないことを長々と述べてしまったりで、庶民感覚と裁判とはどうもうまく噛み合わない。自分は正しいし、嘘をいっていないから勝つはずだと信じていたが、裁判官は取り上げてくれなかった。やはりここでも「地獄の沙汰も金次第」がまかり通るのか、えらい政治家が手を廻せば裁判官でも動かされるのではないか、などと勘ぐってしまうのである。かつて友人の弁護士から聞いた話であるが、或る依頼者から有力な政治家を知っているので、その人から裁判官に働きかけて貰い自分に有利な判決を受けられないだろうか、と本気で相談されたという。私自身も、裁判が裏面工作で左右されると思っている、と人からいわれたことがある。裁判官の不祥事があったことは残念だが、少なくとも日本の裁判官は誰かから働きかけられて裁判の結果を左右するようなことはない、と信じている。

▼**民事裁判と証拠**

民事の裁判は人事訴訟（離婚、認知、養子離縁など身分関係事件の訴訟のこと）を除き、原告、被告の方で出さないのに裁判所が自ら証拠を探し出すことはできない。原告、被告から手続きに従って法廷に出された証拠を調べるだけである。ところが、訴訟の手続きにうとい一般の人々は、裁判所は積極的に証拠を探して調べ、その上で正しい方に軍配をあげてくれるものと思っている。弁護士に依頼して訴訟をすすめて貰っている場合には、弁護士が指示して必要な証拠を集めるので、本人はこのきまりがわからなくても不利になることもない。しかし自分で訴訟を進める場合は、このことがわかっていないと不利だし、訴訟が円滑に進行しない。

もっとも裁判官は、本人で訴訟を進行する場合には、そのいい分を法律上の主張にまとめ、証拠を出すよう適宜指示し何とか手続きを進めてくれる。どの程度面倒を見てくれるかは、裁判官の個人的な人柄にもよるが、それとて比較的簡単な事件に限られる。裁判官とはいえ、その紛争についての事実関係を知らぬ以上、どんな法律上の主張をすればいいのか、証拠としてどんなものを出すことができるのかまで判断のしようがない。

当然しなければならない法律上の主張をしなかったり、証拠がなかったり、あるいはあってもその証拠を十分に評価して貰えなかったときは、真実はどうだったにせよ、その主張をすべき側、その主張を証明しなければならぬ側は裁判に敗ける。民事の裁判とはそういうもので、とにかく証拠を出すこと、その証拠によって自分のいい分を証明できるかどうかに命運がかかるのである。

▼真相は藪の中

裁判をする側にとっても、法廷に出て来た証拠のみで判断しなければならないことは、責任が軽いはずなのに実は大へん重い足かせなのである。「真実はどうか」は、わからぬのがふつうで、まさに「藪の中」である。裁判官である間は、法廷にあらわれた「陽のあたる場所」を見ることしかできない。陽のあたらない陰の部分が大きく、しかも重要であることも少なくない。この陰の部分を考えずに真相を語ることはできないし、また語るべきでない。判決によって認められる事実は、だから真相ではない。民事の裁判ではこれは当然のことであるが、真相を見究めたいと思うのは人情の常で、知らず知らずのうち、法廷に出された証拠の中から「真相」を引き出そうと努力していることがある。あるいは何時の間にか、頭のなかにでき上がった結論に導きやすい証拠をつなぎ合わせ「ある事実」を作り上げてしまう危険を犯すことがある。

弁護士は本人から出された証拠を取捨選択し、有力な証拠であっても見方によっては自分の方に不利、と解されるかもしれぬ証拠を出さないこともある。事実を知っているのに、裁判所に行くのはどうしてもいやだ、と証人になることを拒む人も少なくない。無理に証人として調べて貰おうとしても、そういった人は法廷でありのままを述べてはくれない。自分にかかわりないことについて、たまたま、あることを知っているからというだけで、証人になることを承知する人は、むしろ少ないのが日本の実情である。相手側の誰かに義理立てて、あるいはその間柄がまずくなることをおそれて、相手側に不利な証言をしない。真実を知っていても、それを隠しておく方がいい、と自分なりの信念や判断で真実をふせてしまう人もいる。財力や社会的地位のある人、いわゆる世間に顔のきく人は有利な証人を集めることが比較的容易であるが、貧しく、地位のない人は証人探しに苦労するのが実情である。記憶が必ずしも正確でないことや色々の思惑で、証人の言葉は必ずしも証拠としてすぐれたものではない。当時の文書は、それから比べると証拠としての価値が高い。しかし、日本人は紛争がおこる前に権利、義務関係を明らかにすることを好まない傾向がある上、書面にすることも敬遠し勝ちである。

▼七五三論議

事件によっては法廷に出される事実は、その紛争を取りまく沢山の事実の一部にしか過ぎない。そもそも本人が弁護士に依頼するときも、全部をいわないし、あえて何かを隠すこともまれではない。弁護士は何回も本人や関係人と会い、疑問と思う点をただし、証拠となりそうなものを検討し事実を引き出す努力をする。しかし所詮一方側の情報しか得られない。十の事実を十知ることはむつかしく、せいぜい五であろう。そして刑事についていえば、強制捜査権を持つ検察官は、警察での調べを加えて七の事実を知る。裁判官は法廷という限られた場で、原告、被告双方から出される主張と証拠によって事実を見なければならない。その知り得る程度は十のうち三ぐらいではなかろうか。裁判官は自分が扱う事件について、三ぐらいしか知り得ないことをわきまえて裁判をすべきである。この七五三論議というものを、在官中、ある弁護士から聞かされたことがある。当時はそれ程深刻に受け取らなかったし、自分はそんなにうぬぼれてはいない、とひそかに思い上がっていたことも事実である。

▼誤判の恐れを知る

甲の証拠とこれと反する乙の証拠とが対立している場合、裁判官は訴訟にあらわれた全資料によって価値判断を加え、そのどちらかをとるわけだが、時としてその価値判断を誤まることがある。裁判官であっても所詮人間である。慎重に審理しても客観的に間違うこともあろう。訴訟手続きの中で、その間違いを指摘することができれば、敗けた方は控訴、上告して争う道は残っている。しかし、証拠の価値判断は裁判官の心の中で築かれてゆくものだけに、新たな証拠でも発見できれば別として、実際にはこれを上級審でくつがえすことは大へんむつかしいのである。真実が「藪の中」である裁判は、弁護士にとってもむつかしいが、裁判官はその「藪の中」の事実を右か左かに決着させなければならない。誤判をする恐しさを常に忘れず、謙虚に、かつ強引な物の見方をせずに、わからぬ部分はわからぬとして、それからさきは証拠を出して証明しなければならない方の責任（立証責任）、とするけじめを忘れてはならない。

▼裁判官に求められるもの「地味で細かく、かつ大胆に」

裁判の仕事は、訴訟手続きにしたがって原告、被告双方の主張を、それが法律的にどういうことなのか、を常に念頭に置きながら聞き、法廷に出された証拠を正しく取捨し、取り上げるに足りる証拠によって認められた事実に対して法律を適用し、勝敗をつけるものである。どちらかといえば地味であり、そして非常に細かい仕事である。記録を丹念に読み冷静に物事を見究めながら、積み上げて行くような作業であるだけに、ち密なことが苦にならぬ性格が向いているかもしれない。

しかし一方で、裁判は審判を下すことなのだから、時には大胆に決断する度胸がなければならない。裁判官には正義観が必要との見方もある。たしかに不正を許さない心がなければ、法曹の仕事はその核を失ってしまうだろう。だが、人間は多くの場合他人の不正は許したくないし、これを追及することに吝《やぶさ》かでない。まっさきに自分を加えての上で、不正を許さないことでなければあまり意味がないのではなかろうか。しかもこれは法曹以前の人間の問題である。さらに正義観、というその正義とは一体何か。多様な価値観が混在する現在の社会では、ことにむつかしい価値判断であると思う。きわめて主観的な正義もある。自分の正義観が人を傷つけ、他人を不幸にすることもある。せっかちに大上段に振りかぶった正義観は危険ではないだろうか。何よりも先ず裁判官には、自分を虚心坦懐にする修業が求められるのではあるまいか。

▼人間が嫌いでは困る

より一層大切なことは、人間を大切に思う心を持つことである。裁判官に限らず、およそ実務家として法律の仕事にたずさわるものは、人間が嫌いでは勤まらないのではないかと思う。裁判は人間が一番弱い、醜い姿をさらさなければならぬ場であるかもしれない。その弱さ、醜さをあえて直視し、それもただ憎んだり否定するのではなく、その中から心にふれるものを見出し、共感し、同情できるのでなければならない。

裁判官という職業柄、当事者に対し鎧を着ているように体をくずさず、何を考えているかわからぬようによそおい、およそ感情的なものは一切受け付けないとの外観を持ちつづけることも必要かもしれない。しかし、心の中までそうであっては困る。豊かな感受性や自分の考えにとらわれぬ心の広さ、弾力性のある理解力、そして何よりもさきに述べた人間への愛情、そうしたものの総和が裁判ににじみ出ることを願う。味気ない判決文の行間にそれらが読み取れたとき、当事者はたとえ自分のいい分が通らなかったとしても、そういう裁判を受けたことを納得する。

▼裁判が遅い

民事の裁判については、審理が長くかかるとの批判がある。実際、それ程の大事件でもないのに一審で五、六年、控訴審でも同じ位かかってしまうことも少なくない。これは裁判所の責任ばかりでなく、関係者全員のそれぞれの事情がからみ合っていることも原因である。しかし裁判官が足りないことが大きな原因であることは否めない。大都市とか、人口が急増し事件数がふえたのに、裁判官の配置がこれに伴わない地域の裁判所では、裁判官が沢山の事件を受け持たなくてはならない。このため証人を調べるのに、年に二回か三回くらいしか日数を取ることができない。一人の証人を調べるのに途中で何回かに区切って続行し、一年もかかることもある。そのうち裁判官が転任し、新しい裁判官が事件を引きつぐが、当事者として見れば直接証人を尋問していない裁判官に何がなし不安を持つ。一つの事件を審理するのに何人も裁判官が変わることも、そうまれではない。一般の庶民は、裁判というものは長くかかり、大金が必要だとの情報を持ち、裁判を敬遠している。訴訟が長びくことは、裁判を国民から遠くにへだててしまう大きな原因となっている。裁判官個人の責任でない部分が多いにせよ、もっと身につまされてこのことを心配し、少しでも改善に努力すべきである。仕事に馴れてしまうと、何時しか易きに流れてしまうものである。判決が病人の治療のための診断書ではなく、死亡診断書にしかならないとすれば、病人は専門家の扉をたたかず、市井の売薬を飲んで癒そうとするだろう。それがいかがわしい薬である場合、国民は全く救われようがない。

三　弁護士としての歩み

▼裁判官の感覚との落差

裁判官を二十数年したあと、私は弁護士になった。立場は変わったものの、裁判にかかわる仕事を続ける点は変わらない。しかし、立場が変わるとこうも違うのか、と痛感させられる場面に出くわしている。

弁護士のところにくる人達は、多くの場合或る問題が生じたが、どうしてよいかわからないといった状態にある。そうした人達から「なまの事実」を提供されて、専門的立場でどう処理したらよいかを判断するのが、先ず弁護士のかかわる仕事である。その最初の処方箋の出し方もかなり重要であって、本人の物的心的損失をいかに少なく解決するか、適切な見とおしを立てなければならない。

訴訟を起こす場合は、その「なまの事実」を法律的に構成して裁判所に提出しなければならない。料理にたとえれば、裁判官は出された料理を味わって、これは駄目だ、これなら食べられると判断するのが役目である。裁判官が自分の味わいかたに間違いがなかったかを悩むとすれば、弁護士は料理のしかた、出しかた、味わわせかたに誤りがなかったかを悩むのである。手持材料が足りなくて十分料理ができなかったこと、あるいは料理の方法を誤ったことの悔は弁護士のものである。

▼当事者のとどかぬ思い

これだけの材料で、これ程料理したのに、どうして裁判官が十分に味わってくれなかったのか、判決を検討しても納得できぬ場合がある。少なくとも証拠に明らかに示されているのに、これを全く無視して事実とかけ離れた判断をされて、在官時代に友人の弁護士から聞かされた七五三論議を思い出したものである。裁判所を離れて、当事者の立場に立って改めて裁判のむつかしさを感じることがしばしばある。裁判を積極的に進めよう、との姿勢の足りなさも問題である。ある法廷で被告代理人として訴訟をしている際、証人の調べ方があまりに小きざみで、それも間隔があきすぎるので、あらかじめ数回の証人調べの期日を決めて欲しいと申し出たのに対し、裁判官からあなたの方は被告なのだから急ぐ必要はないではないか、といわれたこともあった。金が無いのに金を返せ、と訴えられているわけでもない、訴訟をのばすことの何の利益があるわけでもない事案のことである。ふつうの人間にとって、訴訟を起こされていることがどんなにうとましく、心の重いことであるか。生身の人間の喜怒哀楽が汲み取れない、化石にはなってほしくない。

▼法曹一元の実現を！

このような裁判に対しての、弁護士の立場での疑問や批判は、実は裁判官時代の自分に対するものでもある。訴訟代理人の席から、あるいは傍聴席から見て、裁判官がどのように事件をつかんでいるか、あるいはあまり理解していないな、など思いのほかわかったこともショックであった。裁判官はポーカーフェイスをするといわれている。当事者双方から中正の位置にいて、どちらにも傾むかぬよう感情を表面に出さぬことを心掛けるものである。しかし、こうもよく見えるとは！　今更ながら身のすくむ思いであった。

事件によっては、訴訟に敗けることが本人の生活の基盤を失わせる場合がある。このような事件で、自分の依頼者の敗けることの恐しさを弁護士は身にしみて知らされる。訴訟にいたるまでの道程、判決を受けたあとの行くすえ、裁判官はこの長いドラマの一場面にだけ登場し、主役的役割を演じるが、ドラマ全体を見とおす立場にはいない。裁判官になる前に弁護士としての経験をつむべきであった。これが弁護士になって先ず感じたことである。この意味でも、さきにふれた法曹一元の制度をわが国の法曹界が、早々とあきらめどうやら投げ出してしまったことは、非常に残念である。

▼人の痛みがわかること

多くの人々にとって、裁判を起こしたり起こされたりすることは、生涯に一度あるかなしの経験であろう。このとき、適格な判断と早い解決とが与えられることだけが救いである。この道づくりをするのが実務家である法曹の仕事である。その人その人の性格や人生経験にもよろうが、紛争のさなかに置かれると、人は冷静さを失ってかなり矛盾した言動を取り、長々と同じことを繰り返し、また、相手に対して憎しみの感情をあらわにし、攻撃的になる。そういう人達の話の聞き役になり、なぐさめ、はげましながら解決への道を探すことは心労の多い仕事である。ことに感情的で、長々と同じことを繰り返す当事者は、男性弁護士には苦手であるようだ。もちろん、女性にとってもかなり辛抱強さを要求される。しかし、むしろ女性の辛抱強さ、世話好き、親切というか面倒見の好さはこれに向いている。何よりも天の半分をささえる女性が、この法曹の仕事にたづさわることは当然のことで、なぜこんなにも長い間女性を拒み続けて来たのか、今から思えば不思議ですらある。

そして、現在なお女性なるが故にかかえている問題は少なくない。不当な差別や苦しみを強いられている人達はいくらでもいる。その置かれた立場、不当な扱いにどれ程苦しんでいるかを身にしみて知っている女性が、この争いの解決を受け持つのがより適しているといえよう。足を踏んでいる者には、踏まれている者の痛みがわからないこともあるのである。

▼弁護士冥利

弁護士の仕事といっても、そのやり方、内容は千差万別で、はっきり企業的活動に限る人も多いし、なかには経営面にのみすぐれている弁護士も結構いるようである。社会的地位、名声、富を得ることに熱心で、その結果得た席にあぐらをかき、それで世間を通っている人もいる。しかし、これはどこの世界にもあることで、そう悲憤慷慨することでもあるまい。裁判官の生活がどちらかといえば画一的なのに比べて、弁護士のそれは、すこぶるバラエティーに富んでいる。自分の進む道にレールが敷かれていないことは、自分を制御する力の弱い者にとり、道を踏みはずす危険を伴うが、反面、自由業の持つ魅力でもある。もちろん、自分の報酬は一々自分が請求しなければならないだけに、給料生活者とは異なったきびしさはある。本来は報酬を得ての仕事であるのに、時にはそれが得られぬことがわかりつつ、ぬきさしならぬかかわり合いを持つ羽目になることも、まれではない。ヒューマニスティックな心境に酔いしれて、依頼者にとことんつき合ってしまうのも、この職業にある者の宿命である。しかし、一面でそれがほろにがいものだ、と内心自分の軽々しさを噛みしめる経験も豊富となる。そのすべてをからめて、苦しみ悩む人達にいい弁護士にめぐり合えたと喜んでもらえれば、何よりも弁護士冥利というものであろう。

3 検事、国連そしてマスコミの世界へ
道なき道にいどむ
――ある女性検事の歩んだ道――

佐藤欣子（弁護士）

昭和33年東京大学法学部卒業。東京・横浜地方検察庁検事。国連アジア極東犯罪防止研修所教官・次長。内閣総理大臣官房参事官等を経て弁護士登録。昭和56年より㈱リビングマガジン取締役・研究所長。

一　はじめに

私は昭和三五年四月、司法修習生の修習を終えて検事に任官した。東京地方検察庁で新任検事、その後、横浜地検、東京地検八王子支部検事、国連アジア極東犯罪防止研修所教官、同次長、法務省法務総合研究所研究官、内閣総理大臣官房参事官、総理府青少年対策本部参事官等を経て、昭和五六年

五月退官した。

その間、後述のように国連人権フェローシップによりカナダ、アメリカ合衆国に出張し、またハーバード大学、ラドクリッフ研究所およびロースクール研究員として留学し、さらに第三十一、三十二回国連総会第三委員会の日本代表として、ニューヨークに出張した。

その外、オーストラリア、フィリピン、スリランカ等のアジア諸国やベネズエラ等にも、国際会議、研修、講演等のために出張した。

検事に任官するとき、私は自分が途中で退官することがあろうとは全く考えなかった。その意味では、私の歩んできた道は挫折の軌跡である。

しかし、それはまた検察・法務の組織の中で、与えられた職責に全力を尽くし、なおかつ自分自身に真剣に生きようとした一人の女性検事の足跡でもある。「道なき道を歩いてきた」というのが私の感慨である。そしてしばしば深い霧に私は立ち止まらざるを得なかった。

私は再び新しい仕事に挑戦している。しかし、二十年余の検事の生活は、スプリングボードというには余りに長い道のりであった。

二　地検時代

▼女と法律

「女は法律にはむかない。」ということは今なら、誰もまともには取り上げないであろう。しかしこの言葉は、昭和三十年代の前半、私が大学生の頃には、まさに権威をもって語られていたのである。「こんなことは、女にはできない。そんなことは、女にはむりだ」――こうした主張に対して、女性はたえず抗議し、それに打ち勝ってこなければならなかったのである。

ヴァージニア・ウルフは述べている。

「西暦一九二八年の今日なお、作曲を試みようという女性について、同じ言葉がそっくりそのままに使われているではないか。『ジェルメーヌ・タイユフェール嬢については、婦人説教者に関するジョンソン博士の名言を、音楽の言葉に変えて繰返すことができるのみである。すなわち、「君、女が作曲するのは、犬が後脚で歩くようなものさ。上手でこそないが、ともかくも、やってのけているところが感心なのさ。」』」（ヴァージニア・ウルフ、西川正身＝安藤一郎訳『私だけの部屋――女性と文学』新潮文庫、昭和二七年、七九頁）。

「もし、法律学が女にむかないというのなら、その法律学こそおかしいのだ」と私は自分の心にいいきかせ、「疑うことを許さない権威はない」と自分を勇気づけた。もっとも私は法律学がとくに好きなわけではなかった。

私は、ドストエフスキーやロマン・ロランに夢中になっていた文学少女であったから、私が法学部に進学したのは、それがよくいわれるように「パンのための学問」であったからであり、司法試験を受けたのはそれが女性差別に対抗する最も有効な手段であると考えたからであった。

そして、その選択を私は後悔していない。法律学は女性にとっても実に有用で興味深い学問である。

▼検事の職域

私が、判事、検事、弁護士の三つのコースの中から、検事を選んだことには、幾つかの理由がある。その第一に、検事は司法官的機能を持ちながらも、行政官であり、広い活動の領域を持っていることをあげることができる。

周知のように、検察庁は法務省の外局ではなく、検察庁法による特殊な行政官署であるが、法務省には、行刑その他矯正に関する事項を所管する矯正局、恩赦および更生保護などに関する事項を所管する保護局がある。また刑事に関する法令案の作成、犯罪予防などを所管する刑事局、国籍、戸籍、登記等の事務や民事に関する法令案の作成などを所管する民事局、国の利害に関係のある民事および行政に関する争訟に関する事項を所管する訟務局、人権擁護に関する人権擁護局、出入国管理を所管する入国管理局もある。また附属機関としては、刑事政策の研究部門や国内および国際研修部門をもつ法務総合研究所や刑務所、少年院、少年鑑別所等の施設もある。

そこには、きわめて多様な活動の分野があるのである。

しかし、私が検事になったのは、なんといっても、検察の仕事に一番情熱を感じたからであった。あえていえば、当時の私には、検事の仕事が一番面白かったのである。

▼五人目の女性検事

私の手もとには昭和三五年四月の古ぼけた「サンデー毎日」がある。その中の「検事さんは泣いている」という特集記事に次のような一節がある。

「今年巣立って行った四十四人の新人検事さんのなかにただ一人の女検事さんがいた。東京地検に配属された斎藤（佐藤）欣子さんである。

斎藤さんが、検事の仕事にはじめて触れたのは、一昨年の秋、司法修習生として検察庁で実習を受けたときだった。四ヵ月間の実習が終ったとき、斎藤さんはつぎのような手記を書いている」。

『私は二十数件の事件処理をした。その処理は、はたしてよかったのだろうか。とりかえしのつかない間違いをしていないだろうか。いったいだれを起訴すべきだったのだろうか。慄然として立ちどまる。私は悪いことをしたのではなかろうか。

貧しい人々。虐げられた人々。そんな人達が圧倒的に多すぎるのだ。

虐げられている者同士が互に傷つけあうことは、やっぱりよくないことなのだ。いくら貧しくても、人の物を盗むということはわるいことなのだ。「貧乏はしたくないものです。貧乏をしますと、ついさもしいことばかり考えて――」涙を流していた被疑者の妻は、背に赤子を背負っていた。

検察官に要求される道徳性が、これほど厳しいということを、いままであまり感じていなかった。しかし考えてみれば当然のことだ。裁判官は判断するに止まるが、検察官は訴追する。それならお前は何をしているのか。お前が積極的に違法行為をしないことは当り前だ。お前はあの人を訴えることができるほど道徳的でありうるのか。人間として、なすべきでないことをしていないだろうか』

「初心忘るべからず。すべての検事さんが、こうしてあたたかい人間性を失うことなく、冷酷な法律の代弁者にとどまることなく、真実と人間の幸福のために奉仕されることをお願いしたい」。

▼人間はなぜ立ち直れるのか

私は人間が何故犯罪を犯すのかを追求したかった。そしてさらに、何故人間が更生し、再犯などしなくなるのかを明らかにしたかった。

私は刑事学とくに犯罪原因論や刑罰論の文献を読みあさった。私は被疑者と向い合って話し、その心情に深く共感することによって、実体的真実を明らかにし、被疑者の行動を真に了解しようとしたのである。

いうまでもなく、検察官は、被疑事件について公訴を提起する（国家訴追主義）。ただし、犯人の性格、年齢および境遇、犯罪の軽重および情状ならびに犯罪後の状況により訴追を必要としないと判断されるときは起訴を猶予することができる（起訴便宜主義）。

もちろん、起訴、不起訴の処分の適正を期するための種々の制約はある。しかしその制約の中で、検察官は、被疑者や被害者その他の関係者と相対して事情を聴取することによって、事案の真相を把握し、諸般の情状を十分考慮して、公益の代表者として、起訴、不起訴を決定する。公訴を提起した場合は、これを維持し裁判所に法の正当な適用を請求し、かつ裁判の執行を監督する。さらに不起訴の処分をした場合であっても、更生緊急保護法などによる保護を行うことができる。

さらに、私が赴任した横浜地検では当時、全国にさきがけて、特別な起訴猶予者に対する更生保護制度を実施することとなり、着任早々の私がその主任検事を命じられたのであった。

▼起訴猶予者に対する更生保護

横浜地検ではじめられ、その後他の検察庁でも実施された起訴猶予者に対する更生保護事件は、検察官の起訴猶予権限と保護観察所の保護観察の各機能を有機的に結合せしめた新しい犯罪者処遇の方策ということができる。この制度は、「従来の基準にすれば、あるいは起訴相当と思料される被疑者であっても、犯罪の情状、本人の性格、素質等を考慮し本人の社会環境等を是正若しくは調整すれば、本人の更生と再犯の防止が期待できる者については、その起訴を猶予し、保護観察所長に対し本人の事後補導を委ね、保護観察官、保護司の補導に服させて、刑の執行猶予の期間中保護観察に付された者に対する保護観察（四号観察）に準ずる更生補導を実施し、原則として六ヵ月間（事件により短縮できる）の更生補導期間内は一応起訴猶予処分にした上、保護観察所長より更生補導についての通報を得て確定的な終局処分をすることとし、更生補導の効なく再犯のおそれあるときは、起訴することとする」というものである。

更生保護事件主任検察官は、当該事件について犯罪事実の捜査を遂げることはもちろんであるが、さらに当該被疑者の家庭環境、生育史、心理的特性等につき十分な調査を行って、当該被疑者の更生保護の適応性および必要性の有無、再犯防止の可否等について判断しなければならない。

検事は起訴するために捜査をすると一般には考えられている。しかし私の場合は反対であった。そしてそれは起訴するのに劣らず本当に困難で手間のかかる仕事であった。しかしそれは同時にきわめて、むくわれる喜びの多い仕事であった（なお、この対象者の余後の結果分析については、斎藤（佐藤）欣子「横浜地検における起訴猶予者に対する更生保護事件について」検察研究叢書43、昭和四〇年、法務総合研究所にまとめてある）。

前科者の烙印を押されることなく、その後恙なく幸福な人生を営んでいるであろう多くの対象者のことを思い浮かべるとき、私は深く慰められるのである。

▼忘れ得ぬ事件

もっとも私は起訴猶予者に対する更生保護事件ばかりやっていたわけではなく、一般刑事事件の捜査も公判立会もやった。

横浜地検当時の妻が夫を殺害した事件も忘れ難い事件である。

彼女は三十代の始めであった。彼女の結婚は必ずしも祝福されたものではなかった。とくに、夫の母親はその結婚に反対であった。「でも、私は、きっと幸福になってみせると思ったのです」と彼女はいった。しかし、その期待を夫は裏切った。彼は浮気な男で、次々にガールフレンドをつくり、夜は帰ってこなかった。彼女自身も会社員として働いていたが、彼女は夕食を支度して、夫の帰りを待ちつづけた。待ち疲れて食事をしないで寝てしまうことも多かった。ところが、夫はついに新しい恋人と結婚したいからといって、彼女に離婚を迫るようになった。彼女は妊娠もしたが、夫は子供を産むことに反対した。彼女は自殺を試みたが失敗した。そしてある晩、「どうせ一度は死のうと思ったのだから、痛くはなかろう。これで死んだらどうだ」と夫が台所から包丁を持ち出してきた時、彼女はついに愛憎の果て、夫を殺害しようと決意し、その包丁で夫を刺し殺してしまった。

犯行の情状には酌量すべき余地がある。しかし、殺人の罪は重い。求刑は七年、判決は四年であった。そして、この事件を私にとって、忘れ得ないものにしたのは、彼女が控訴保釈中に、事件後知り合った男性――警察官と情死してしまったからである。

私は強いショックを受けた。彼女はどうして死んでしまったのか。

その原因の一つは、あれほど夫を非難した自分が、実は夫と同じであったことに気付いたことにあるのかもしれない。彼女は自分は正しく、なんら非難されるべきところはないと信じていたのに自分の正義があっけなく崩壊してしまうのを目撃し、自分の犯行の口実を失ってしまったのではなかろうか。

そして、私の前で涙をためていた女性が、生きてゆく勇気を持つために、何の手助けもできなかった私は、いつまでもこの事件を思い出すのである。

東京地検八王子支部では渉外事件が多かった。なかでも、米軍将校の完全否認の轢き逃げ事件で、アメリカ人弁護士とわたりあって有罪判決を得たことなどが忘れ難い。この事件を契機として、当時の支部長高橋道玄検事の発案で大久保倉蔵副検事と共に「いわゆるひき逃げ事件の捜査ならびに公訴維持上の諸問題」（検察研究叢書45、昭和四七年一一月、法務総合研究所）をとりまとめた。

三　国際社会の中で

▼国連人権フェローシップ

「国連は私にとって因縁深い存在であった。それは第一に国連人権フェローシップによって、刑事司法における人権保障を研究テーマとして、私に初めて外国へ行く機会を与えてくれた。そしてそれは私が国連と日本政府が共同して設立し運営に当ることになったアジア極東犯罪防止研修所の教官を長く勤める原因となった。国連がなければ、おそらく私は違った道を辿ったことであろう。」と私は書いたことがある（拙著「霧の中の祭典・国連総会」『閻魔と女神』所収、昭和五四年五月、ＰＨＰ、一七〇頁）。

実際、国連人権フェローシップを受けたことは、その後の私の進路を大幅に変更したのであった。

国連が世界で一〇人に対して人権フェローシップを与える計画があるから、受験希望者は申し出るようにという印刷物がまわってきたのは、任官二年目の昭和三七年春頃のことであった。当時は外国へ行けるチャンスは非常に限られていたから、私は早速挑戦することにした。

「このフェローシップの選考試験の日は、ちょうど地下鉄をふくめた私鉄のストの日で、私は風雨の激しかった早朝午前六時半頃、小田急沿線の喜多見の自宅を出たが、試験場である外務省にくたくたに疲れて辿りつくことができた時はもはや試験の定刻である午前十時をいささか過ぎていた。その後、カナダやアメリカの街角で、私は四谷駅前の交叉点でタクシーを拾おうと、長い間空しく雨中に立ちつくした後、絶望的な気分で延々たるバスの列に加わった遠い日本のこの日のストの風景をしばしばなつかしく思い出した。」（拙著『取引の社会――アメリカの刑事司法』中公新書三七九、昭和四七年、中央公論社、二頁）。

この試験には、法務省からも私の外に二名ほど受け、さらに他省庁からも相当数の応募者があったので競争率はひどく高かった。しかし、幸いなことに私はこの狭き門を通りフェローシップを受けて、カナダの刑事司法における人権保障をテーマに昭和三七年一一月から約六ヵ月間カナダに出張することとなった。私の関心は、起訴猶予者に対する更生保護など、短期自由刑を避けるためのプロベイションにおける人権の保障や、非行少年の保護処遇における適法手続の保障等を中心とする、いわば刑事司法と社会福祉の境界領域における人権保障にあった。

▼カナダの刑事司法

カナダには一〇の州（プロビンス）と二つの直轄領（テリトリイ）がある。州と連邦との管轄事項は、「ブリティシュ・ノース・アメリカ・アクト」という建国の法によって、きわめて複雑に分割されている。刑事司法についていえば、カナダには、統一刑法典があるのでアメリカより中央集権的であるが、しかし、それを運用する裁判機構は各州に委ねられているといった次第である。

従って保護観察制度や少年裁判所なども各州に委ねられているばかりか、オタワの連邦政府には、それらに関する情報はほとんど集められていなかった。

そこで私は、世界第二の広大なカナダの全ての州と直轄領を直接訪問することにした。つまり、太平洋岸から大西洋岸まで、私は一人で旅を続けたのであった。

私は各州で司法省、裁判所、警察、行刑施設、少年裁判所、少年院、保護観察や社会福祉機関、大学、研究所、精神病院などを見学した。

当時、カナダには、女性検事（クラウン・プロセキューター）はいなかった。従って「日本」という東洋の後進国から、「女性」の「若い」「検事」がきて「カナダの刑事司法と人権保障」を学んでいるということは、ニュース・バリューのある事柄だった。私は行く先々で、新聞記事になり、インタビューを受け、ラジオにも出演した。私は、外国でこの時ほど華やかなそして暖かい歓迎を受けたことはない（「彼女は日本のパイオニア・スピリットを持っている」（トロントテレグラム）、「日本の法律家が国連のグラントで」（オタワ・グローブアントメイル）、「カナダ人は法律をよく知っているとコメント」（ニュープランスライック、デイリイ・グリーナー）、「犯罪学が彼女の仕事」（セント・ジョン、テレグラフ・ジャーナル）、「日本の女性の地位は向上したが古い習慣はなかなか消えない」（シャルロッテタウン、イブニングパトリオット）等々）。

私の瞼に残り、薄れつつある記憶の中にある古き良き《グッド・オールド》カナダは、もはやこの世にはないであろう。二〇年の歳月は、日本を変えたようにカナダも変化させたに違いないからである。

私は陪審裁判の陪審員の真剣な表情を思い出す。自動車窃盗の完全否認の被告人に懲役を言い渡していたマジストレイト。いまだ余燼ののこる暴動直後の刑務所の中庭の光景。パンやバターの余りが山ほどテーブルの上に残っていたカウンティー・ジェイル。半畳四方の薄暗い警察のロック・アップ・ルームにいたエスキモーの殺人犯。雪嵐の中で全てが見えなくなった北極圏に近いフロビフシャーベイの教会――。思い出す情景は限りがない。そして私がこの六ヵ月余の体験で得たものも、ほとんど限りがない。私ははじめて外国に行き、異なる文化に接触した。そしてそれは、法とその執行が、その社会の歴史と文化によっていかに異なっているかを教えてくれたのである。

▼アジ研時代

アジ研、正式には国連アジア極東犯罪防止研修所（United Nations Asia and Far East Institute for the Prevention of Crime and Treatment of Offenders）が、東京府中に建設されたのは、昭和三七年三月のことであった。アジア地域内に犯罪防止および犯罪者処遇のための研究・研修所を設立すべきであるという決議は、昭和二九年のラングーンにおける国連アジア極東地域の犯罪防止セミナーで始めて行われたが、その後も同旨の要請はくり返し決議された。当初設立を申し出ていたのはパキスタンであったが、曲折の末、日本に建設されることになったのである。

私は昭和四一年からこの研修所に教官として勤務することになった。

当時所長および高級顧問一名とさらにエクスパートと呼ばれた教授若干名が国連から派遣され、日本側は次長以下教官、職員と施設を提供してその運営に当たっていた。

研修は、刑事司法、矯正・保護、犯罪防止等の分野について、年間三ヵ月の長期コースを二回、一ヵ月の短期コースを一回行うことを原則としていた。

研修員は、毎回四〇名弱であった。アフガニスタンからオーストラリアに至る地域内の各国から、現に刑事司法運営にたずさわっている、裁判官、検事、警察官、刑務官、保護観察、社会福祉官等が参加し、国内からも各々に対応する研修員が参加した。

この研修所には所長、高級顧問およびエクスパートのための宿舎とともに、研修員のための宿泊施設があり、国外研修員はもとより、国内研修員、エクスパート等は研修期間中、研修所内に宿泊しなければならない。ということは、この研修所は、研修員の食と住の世話もしなければならないということであった。

国籍、人種、宗教、年齢、学歴、経歴、生活程度などが異なり、何よりも食事習慣の異なる研修員のための研修を実施することは大変な困難を伴ったことはいうまでもない。

研修員の尊敬を得るためには、語学力をふくめて実力が必要なことはいうまでもなかったが、しかし家族や職場を離れてかなり長期の間、寮生活を強いられる外国人研修員の意気を阻喪させないためには、公平な愛情、誠意そして忍耐が必要であった。しかも予算は全く限られていたから、研修の成功は、教官、職員、そして日本人研修員の個々の善意と努力に支えられていた部分が大きかった。

私は、しばしば自分を幼稚園の保母さんになぞらえた。言葉の通じないことにおいて、いかに自国においては高官であろうと、研修員にはしばしば幼稚園児なみの苦労があった。

実際日本の社会には彼等を反日的にさせる要素が多々ある。私はそれを日本の社会と文化に即して説明することによって、彼等の傷手をやわらげることに努めた。私の献身のエネルギーはしばしば私のナショナリズムに由来していたのである。

▼ときに歌は友の心に

私のアジ研勤務は長かった。いや、長すぎたというべきであろう。研修は結局は同じことの繰り返しである。研修員は三ヵ月後にはアジアの各国に散っていってしまい、再び逢うことは稀である。「歌声は空に消えていった。射った矢は目に見えなくなった。しかし、幾年もの後、ときに歌は友の心に残り、矢は樫の木にささっていた」。このロングフェローの詩は私には慰めであった。そして、幾年もの後に私も、同じ発見をしたのである。

例えばスリランカで研修を実施したときのことであった。コロンボの大きな扇風機がまわっている天井の高い薄暗い司法次官室で、私はかつての研修員に会った。私は名前は思い出すことができなかったが、細面で知的な彼の顔はよく覚えていた。「ミセス・サトー。あなたは自分を中華料理店につれていってくれた」。彼は用意してあった当時の研修員と教官のグループ写真を示しながらいった。そうだった。彼は、寮での食事をとらず一切外食をしたいと申し出た。そんなことがあって孤立していた彼を、私は東京家庭裁判所の見学の折に、中華料理店に案内したことがあった。彼はそれをその高価な支払代金と共に思い出してくれたのであった。フィリピンでも、ホンコンでも、タイでもシンガポールでも、私はかつての研修員達の心からの歓迎を受けた。かつての研修員が来日した折に、突然訪ねてきてくれたこともある。

そして私は国連総会第三委員会の日本代表として、犯罪防止の議題の一般討論の際、スリランカ代表が「アジ研」の貢献に対して謝辞を述べるのを、深い感慨の中に聴いたのであった。

▼取引の社会

昭和四五年七月から四七年四月まで、私はハーバード大学ラドクリッフ研究所およびロースクール研究員として、留学した。

その間に私は、ジェローム・H・スコールニックの“Justice without Trial”を翻訳し、『警察官の意識と行動——民主社会における法執行の実態』のタイトルの下に出版した（昭和四六年、東京大学出版会）。また、日米の刑事司法の比較研究の結果、つまり、日米の二つの社会における刑事司法の原理と構造がいかに異なるものであるか、二つの社会における正義のあり方が、いかに各々の社会の歴史と文化に制約されているかを論じた小さな本『取引の社会』をとりまとめた（拙著・前掲書）

帰国後、私は法務研究に従事し、戦後刑事訴訟法改正経過の研究を行った。

昭和五〇年、私はオーストラリア刑事学研究所が開催した「被害者としての女性」セミナーに講師として出席した後、法務総合研究所室長研究官となり犯罪白書の作成、とりまとめや、「生命・身体犯の被害者等に関する実態調査」や「強姦事犯の実態」研究などに従事した（佐藤欣子外四名「生命・身体犯の被害者等に関する実態調査」、佐藤欣子＝杉原紗千子「強姦事犯の実態」宮沢浩一編『犯罪と被害者　第三巻』所収、昭和五四年、成文堂）。

▼青少年白書と国際比較調査

私は、昭和五三年一一月、青少年対策本部に勤務することとなった。着任早々にして、昭和五三年版青少年白書の公表、世界青年意識調査をめぐる国際シンポジウムの開催と仕事は目白押しにつまっていた。昭和五四年は国際児童年であったから、児童の国際比較調査も企画実施しなければならなかった。私はこれらの担当参事官として全力を傾けた（総理府青少年対策本部『国際シンポジウム、世界の中の日本の青年報告書』昭和五四年三月、総理府青少年対策本部『国際比較、日本の子供と母親』昭和五五年（中間報告書）昭和五六年（最終報告書））。

徹夜の予算作業も、深夜に及ぶ調査企画会議も私には楽しかった。

私は、「青少年の社会性と個人性に関する研究」（総理府青少年対策本部『いまの青年・いまの大人——青少年の社会性と個人性に関する研究調査報告書』昭和五六年）、「家庭と青少年の国際比較調査」（総理府青少年対策本部『国際比較、青少年と家庭——青少年と家庭に関する国際比較調査報告書』昭和五七年）、「十年前との比較からみた現代の青少年」（総理府青少年対策本部『十年前との比較からみた現代の青少年——青少年の連帯感などに関する調査報告書』昭和五六年）等の調査を企画実施した。また、総理府内に関係部局の協力を得て「青少年情報センター」を開設した。

私が総理府を去ったのは、昭和五六年一月のことであったから、その間はわずかに二年三ヵ月であったが、この期間は私にとっては愉快な恵まれた期間であった。

退官後、私は時折、車で官庁街を通過することがある。私は総理府の前を通るとき、いつもこの二年間をなつかしむのである。

四　おわりに

検事の職域は広い。私が歩いたところは、そのごく一部にすぎない。

私はより多くの女性検事の出現を願っている。彼女たちのある者は、検察プロパーの領域で活躍し、捜査・公判のエクスパートとしての名声を獲得するであろう。またある者は、法務行政の枢要の部分で活躍し秀れた業績をあげるであろう。

いずれにせよ検察法務のあらゆる分野に女性が参加することによって、検察、法務は、一層複眼的で、一層ヒューマンなものとなるであろう。

3 さまざまの分野の弁護士活動

ワシントン連邦地方裁判所

4 弁護士として三十二年

――その働きがい・生きがい――

鍛冶千鶴子（弁護士）

昭和25年明治大学卒業。明治大学短大講師、法制審議会少年法部会、民事行政審議会、男女平等専門家会議各委員、日弁連女性の権利委員会委員長等を経て現在、法制審議会民法部会委員、東京都婦人問題協議会会長など。

一 はじめに

法曹の一員として弁護士の仕事を始めてから、すでに三十二年になる。思えば、自分の生きたこれまでの人生の半分以上をこの仕事に打ち込んで来ているのだから、仕事を語ることは、自分の人生を語ることでもある。そんな思いで振り返ってみると、働きがいがそのまま生きがいにつながって、ひたすらに働き、せいいっぱい生きた三十二年であった。

▼女性も弁護士になれる！

弁護士という職業を選ぶこととなったきっかけはといえば、私の場合、時代を四十五年もさかのぼらなければならない。昭和一三年一一月三日付朝日新聞の四段ぬき見出しは、「女弁護士は勇士の妻――見事難関を突破した久米愛さん――」となっていた。

女性が弁護士という職業につける道があるなど、およそ知るはずもない当時の女学生にとって、それは途方もないニュースだった。熊本という男尊女卑思想の色濃い封建的な風土の中に生まれた私は、逆に、それを反面教師として育っていた。そして、上級学校に進み将来ともに一人立ちできる仕事をもちたいと思い続けていた。だが、それにしても、「女性も弁護士になれる！」という事実を知ったその時の手ごたえは、今も忘れられないくらいに重かった。

もちろん、職業としての弁護士の仕事の中身を十分知ったうえでのことではなかったが、自由職業としての弁護士へのあこがれが一方にあって、「これしかない」と思いつめ、ひそかに私は夢をふくらませていっていた。そして他方では、男性に伍して対等な職業につけることへの挑戦の意味も、そこにはあったように思う。その時、女学校三年（いまの中学三年）だった私が、卒業後、女性に法律専門教育の門戸を開いていた唯一の学校である明治大学女子部法科に進んだのは、久米愛さん、三淵嘉子さん、中田正子さん三名の日本最初の女性の司法科試験合格者が、いずれも同校の卒業生であり、それら先輩の後に続きたいと念じてのことだった。

敗戦前後の二年余を疎開先での農耕生活で生き伸びて、ようやく昭和二二年に大学に入ることのできた私は、あの新聞記事から十年を経た昭和二三年に司法科試験に合格して、先輩の後に続く願いを果たしたわけである。

▼「社会科」を目指して

弁護士になって私が志したのは、「社会科」に徹することだった。弁護士の仕事もまた、法律の実務や研究をとおして、人間を不幸にする社会的条件をこの世の中から取り除くことを最終目的とすべきだと考え、弁護士の仕事を通じてそのような社会の実現に向け努力したい、と思ったのである。だから、女性弁護士は女性のために、といったストレートな結びつけには反発を感じたし、男女の不平等が社会のもろもろの不平等の一部分としてある以上、戦後の女性解放も地位向上も、このような社会の矛盾が克服され社会全体の民主化が実現される中でこそ可能となるはずで、単に婦人問題としてだけ取り組むことには、私なりの疑問もあった。

弁護士としての第一歩をこうして踏みだした私だったが、弁護士にとって、これこそが社会正義の実現といったケースばかりがあるわけではなく、戦後間もない時代に取り扱った事件の多くは、同じ不遇な庶民どうしの深刻な争いが中心だった。そして、疎開先から帰京するにあたって、戦中に賃貸した家屋や土地の明け渡しを求める事件や、妻子だけを疎開させて別居が長びいた夫婦間の離婚事件、さらに、戦地からの夫の帰国を五年、七年と待ち続けた妻が、生活難にあえぎ活路を求めて離婚を選ぶ事件など、終戦処理というか戦後処理的な事件が相次いだ。わけても、戦地から未帰還の夫の「三年以上生死不明」を理由とする離婚訴訟は、管轄が東京だっただけに、顔を見たこともない全国各地の妻たちからの依頼も相当数にのぼり、戦争による家庭破壊、生活破壊の実態を、仕事をとおして知らされる思いがした。

▼「婦人科」も「家庭科」も

戦後最初の逆コースの波が押し寄せて来たのは、そんな戦後処理的な仕事に明け暮れていた頃のことである。そして、昭和二九年ころには、憲法九条や二四条の改正、家族制度の復活などが、保守党の中で具体的に論議されるようになっていた。女性たちは危機を感じとっていち早く立ち上がり、「家族制度復活反対連絡協議会」を組織して運動を始めたが、戦後民主主義への挑戦としてだけでなく女性や法律にも深くかかわる問題だけに、当時まだ数少なかった女性弁護士たちは、講演にパンフレット作りにと引っぱりだこだったように思う。

そんな運動の渦中に身をおきながら私は、専門的知見と実務的経験をもつ女性弁護士への社会の期待、とくに女性たちの期待が如何に大きいかを知らされた。そして、それらの需要にこたえることも、過渡的な時代における女性弁護士の仕事の重要な一部であろうと考えた。時間の許すかぎり執筆や講演などの本業以外の仕事も引き受けるようになったのは、そんな理由があってのことである。

社会の矛盾の克服は、真正面からだけでなく、置かれた状況の中で、あらゆる方面からあらゆる方法で迫ってこそ可能となるのではないか。「社会科」たろうとして必ずしも十分でなかった私は、キャリアを重ね齢を重ねた末の結論として、そう思ったのだった。

離婚や扶養、相続など家庭関係事件の専門家のように言われ、先輩や仲間の男性弁護士からも意見や鑑定を求められ、その紹介事件も多い昨今では、「社会科」転じて「婦人科」、「家庭科」の観もなくはないが、目指すところが「社会科」であることに変わりはない、と自分自身では思っている。

弁護士として、もっとも人間くさい家庭関係事件を数多く取り扱っていると、人間のエゴイズムや裏切りなど暗くみにくい面だけが見えてきて、しばしばやり切れない思いをさせられる。弁護士の仕事は、人間嫌いでは到底続けられるものではない。折々の人間不信や挫折にもかかわらず、私が、こんなに夢中で仕事に取り組み、三十余年も飽きずに続けてきているのは、私自身の人なつかしい性格もあってのことかもしれない。そして、それにプラス使命感。だれに頼まれてというわけでもないのに、いつもその思いにかり立てられて仕事をしている自分を見ると、弁護士という仕事は自分に向いているのだと思ってしまう。だから私は、これからもこんな姿勢でいつも夢中になってこの仕事を続けてゆくことだろう。

二　訴訟活動の中から

——行政事件訴訟を中心に——

テレビ・ドラマや映画などの映像でみるかぎり、弁護士の仕事は、華やかで劇的な法廷活動が中心のような印象がある。しかし、それは、弁護士の仕事のごく一部分——人によってそれが大部分という例もなくはないが——というほうが、実態に近い。現実の多種・多様な人間ドラマは、映像化しにくい様相で弁護士の助言と援助を必要としており、それに応える仕事のほうが一般には多いはずである。

ただ、そのような努力にもかかわらず、予防や調整がつかなかった場合、最終的な決着の場は法廷以外にないのだから、人間ドラマは法廷に持ち込まれ、法廷技術によって盛り上がりを見せることは、間違いない。

罪を犯したとして起訴された被告人の有罪・無罪を認定し、有罪の場合に刑罰を科する刑事訴訟や、私人間の生活関係の紛争事件を強制的に解決する民事訴訟、そして、婚姻や離婚、養子縁組や離縁、認知や親子関係など身分関係事件を処理する人事訴訟などは、一般にも比較的理解され易い。

しかし、行政事件訴訟——最近では行政訴訟と呼ぶことが一般的となっているが——ということになると、用語としては耳にしたことがあるとしても、中身まではなかなか想像がつきにくい。私が手がけたそれらの訴訟の中から、とくに苦労も大きく、それだけにやり甲斐もあった二、三の事件を紹介してみよう。

▼損害補塡《てん》請求事件（納税者訴訟）——いわゆる退職金違法支出事件——

行政訴訟のいくつかの類型の中でも、住民訴訟と呼ばれるものは、中央集権的な戦前のわが国では考えも及ばぬ概念であり制度であった。国から独立した地方公共団体（地方自治体）が、地方的な利害に関する地方行政を住民の意思と責任、負担において行うという地方自治の原則は、日本国憲法第八章の保障するところである。

昭和二二年五月三日、この憲法の施行と同時に施行された地方自治法は、知事等のリコール請求権や、議会解散請求権、行政事務の監査請求権、条例の制定・改廃請求権など、その他住民の地方行政への直接参加を保障する直接民主制的な制度を、多く採用した。法施行の翌二三年に、占領軍の示唆により地方自治法二四三条の二として新設された住民訴訟（当時は納税者訴訟と呼ばれていたが、昭和三九年に同法二四二条の二として改正整備された際、住民訴訟の名称が付された）は、住民自治の確立にとって、これらに匹敵するものということができる。

地方公共団体の住民が、自分の個人的利害に関係なく、住民としての資格で地方公共団体の機関の不適法行為の是正を裁判所に求める道を開いたこの制度は、アメリカの各州で広く行われている納税者訴訟（Taxpayers' suit）、あるいは市民訴訟（Citizens' suit）を範とするものであった。

これをより具体的にいえば、地方自治に関する腐敗行為を防止あるいは是正するために、自治体の長や執行機関、職員などが違法・不当に公金を支出したり財産を管理・処分したりした場合には、納税者である住民が直接監査請求をし、その結果に不服があるときはこの訴訟を起こして、裁判所によるその防止や是正を求める権利を、住民に保障したものである。

昭和三二年二月のある新聞のコラムに、「婦人団体、退職金問題でついに都知事を訴える。女の髪の毛、象をもつなぐ。いかでこれしきの勝負……」と書かれていた。先輩の久米愛弁護士と私が委任を受けて起こした納税者訴訟の、はしりともいえる訴訟がこれである。もっとも、制度が認められてから九年近く、その間に全国で百件ほどの訴訟が起こされてはいたが、先にもふれたように、占領軍当局の示唆により短期間に立法化されたいきさつもあって、制度そのものの不備・欠陥や疑問点が運用面にも影響し、そのほとんどが、原告として法律上不適格であったり、訴えの相手を間違えたりといった訴えの形式上の問題で、門前払いの却下を受け、違法支出であるかどうかといった中身に対する判断にまで及んだものは、ほとんど見当たらない状況であった。

このことは、新しい発想、新しい概念を基礎とする新しい制度による訴訟を手がけることが如何に困難であるかを物語る。手続きや理論構成について、文献もなければ先例や手本もないわけだから、すべて初めての試みとして、モデルは自分で考え創り出す以外にない。それでも、新しい分野への挑戦は、マンネリ化しがちな仕事への取り組みに活力をもたらし、とくに権力側を相手にしたとき、情熱をかき立てるものである。在野法曹が非体制の姿勢を貫くべき要請もここにある。ともかく、夢中でこの仕事に取り組んだ。

そもそもの発端は、昭和三一年の八月から九月初めにかけて、東京都知事が、任期の満了しない都議会議員七十八名に対して、総額三、五〇〇万余円におよぶ退職金（被告はこれを慰労金と抗弁）を支給したことに始まる。同年六月の地方自治法の改正・公布により、議員や非常勤職員、常勤職員に対するいかなる給与や給付も、法律や条例にもとづかずに支給してはならないという明文規定が新設され、同年九月一日には施行されるという折も折のことである。税金のゆくえに関心をもつ住民たちが、くさいと感じたのは当然である。

とくに、昭和二九年頃から、「家族制度復活反対連絡協議会」の運動を通して結束し、その力を次第に蓄えてきていた全国組織十一の婦人団体は、受け取った退職金を東京都の金庫に返せという運動を展開し、都民の総決起大会でも中心的役割を果たしていた。そんな運動が続いたため、議員の中には受給した金員の一部を福祉施設に寄付するという筋ちがいの約束をするものも出てきたりしたが、実際にはそれもほとんど行われず、その違法性についての認識も反省もまったくみられないという状況であった。

そこで、地方自治法に基づいて、九名の都民女性が、公金の違法・不当な支出に対する住民監査請求を東京都監査委員に提出したが、監査結果は「適法な支出」ということで、ことは、訴訟以外に追及の方法がないところにまで立ち至った。財政的な基盤も弱い婦人団体が、手間ひまかけてあえて困難な訴訟に持ち込むことへの逡巡もなくはなかった。だが、違法な公金支出による損失が、結局は納税者である住民にハネ返り、住民全体が不利益を蒙ることを考えれば、その予防と是正のためにせっかく認められた新しい制度を駆使してこそ、住民自治の精神も生かされその健全な発展にも寄与できるのではないか。それが結論であった。

もちろん、そのためには、専門家である弁護士の援助が必要となる。運動の当初から相談を受け、法律的な問題点を研究・指摘してきた私たちは、この段階で、プロフェッショナルとしてその期待と要望に応え得ることに喜びと自負を感じ、その役に立ちたいと張り切った。そして私の、その後の仕事や人生に対して少なからぬ影響を与えた市川房枝先生との出会いも、実はこの運動と訴訟が契機であったことを、この際、記しておきたい。

それまで、遠い雲の上の存在のように思い込んでいた婦人参政権獲得運動の先駆者市川先生が、私のような若輩（当時三十三歳）をプロとして遇し、真摯に相談をもちかけられる態度には、運動で鍛えられ、信念と自信に支えられた人間のもつ、さわやかな魅力が感じられた。先生はこの運動と訴訟の核となっておられたので、事件の打ち合わせには、当時の婦選会館の和室がよく使われた。その部屋の床の間には、「世界がぜんたい幸福にならないうちは個人の幸福はあり得ない」と書いた掛軸がかかっていた。文学少女の時代から、宮沢賢治のこの言葉をあたため続けていた私は、先生の生き方や運動の進め方の中にその具体的な姿を発見し、そこから多くのものを学ぶことができた。

余談になるが、この訴訟の請求額が多額なため弁護士報酬もそれ相応に違いない、と税務署から調査されたことがある。市川先生が済まなそうな顔をして、時折ポケットマネーから費用を渡されたのが、思い出される。

ところで、話を訴訟に戻せば、「被告東京都知事安井誠一郎は、東京都に対し、金三千五百十二万二百五十円を支払え」という判決を求めて、東京地方裁判所にこの訴えを提起したのは、昭和三二年二月一日であった。原告は監査請求者のうち二名としたが、この訴訟の構造は、損害金員の支払いを原告に求めるのではなく、公金を違法に支出した当の本人を被告として、その違法支出により直接損害を蒙った東京都という自治体への金員の支払い（損害補てん）を求める形となっている。

支出を違法と断じた根拠としては、支給された金員の性格が退職金であること、そして、議員への退職金の支給は、昭和三一年の法改正により禁止が明文化される以前の段階においても、地方自治法二〇三条ないし二〇五条の解釈上許されないものという立場をとった。そして仮りに改正前の支給が許されるものと解するとしても、条例に基づかないで支給されている点で違法性は免れられないという理論構成をとった。

この種の訴訟が中身の審理に入る前段階で、訴えを却下される事例が多いことは、先にも紹介したとおりだが、この訴訟でも、被告は先ず、訴えの却下を求めて来た。その理由とするところは、東京都を代表する機関にすぎない都知事は、私法上の権利・義務の主体とはなり得ないから、私法上の義務の履行を求めるこの訴えは不適法、というのである。

原告が、訴状の被告欄に「東京都知事安井誠一郎」と記載したことが、形式的に揚げ足をとられる恰好となった。原告としては、東京都の機関である知事を相手に訴えを起こしたわけではなく、都知事としてなした違法支出によって生じた損害の補てんを求めるものであることを明瞭にするため、便宜上、肩書を付したのであったが、訴状の当事者の表示一つにしても、それによって訴えの適・不適が左右される事態を予測すべきことを知らされた。

この点については、納税者訴訟の中でも、とくに原告の求めた損害補てんの訴えは、東京都の受けた損害回復自体を目的としているのであるから、東京都の代表機関が東京都の金庫から東京都にその金を支払うのでは、穴うめにはならないわけで、損害を生ぜしめた個人の責任を追及してこそ意味があり、制度の趣旨もそうだということを、もっぱら主張した。

従来の例に洩れずこの段階で訴え却下となっては、これまでの努力も水泡に帰してしまう。私たちはそれをおそれたが、三回の弁論の後、七月に「本件訴の被告は安井誠一郎である」という中間判決が出たときは、さすがにほっとした。被告がだれであるかが手続上確定されなければ審理は前に進めないのだから、最終的判決に至る前に、このような問題を解決するために中間判決がなされたわけである。

判決理由は、私たちの主張を容れて、制度の趣旨から説きおこし、この訴えは元来個人としての安井誠一郎が被告とされるべきだし、訴状の請求原因事実に照らしてみても、この訴えが安井個人を被告とした訴えであることが理解できる、そして、訴状の当事者の表示や請求の趣旨に、都知事の肩書を記載した点についても訴状の記載内容を全体として客観的・合理的に判断すれば、機関としての都知事ではなく、安井個人を被告とした訴えと解すべきだとしている。先ずは一つの山を越えることができたわけである。

ところが、被告は、再び別の理由による訴え却下の裁判を求めて来た。損害の補てんを求める訴訟は、その損害を与える原因となった違法行為の無効または取消しを求める訴訟と併せてのみ提起することができるのであって、独立して損害補てんだけを求める訴訟は許されないというのである。

争点を整理するための受命裁判官による法廷外での「準備手続」が進められ、双方の主張を記載した準備書面のやりとりが、数回くり返された。そして、「本件訴は適法である」とする中間判決が、再び出された。この判断によって、門前での争いにもようやく終止符が打たれ、私たちも二つ目の山を越えることができた。提訴からすでに一年半、苦労は並大ていではなかったが、それは同時にプロとしての満足感にも通ずるものであった。

訴訟の本番のプロセスや内容を詳細に紹介する紙数は、いまここにないが、結論から先に言えば、提訴後五年近く経った昭和三六年五月二五日に、「原告らの請求はこれを棄却する」という判決が言い渡されて、第一審の訴訟は終わった。

判決の理由とするところの第一は、改正前の地方自治法の下では議員への退職金の支給が禁止されていたとは解釈できない、というものである。

第二は、この支出が退職金という一種の給与であるから議会費から出すべきなのに、都庁費から支出されているのは予算措置として違法、とする原告主張に対するものである。支給形態から社会常識的にみれば原告主張のとおりかもしれないが、それは議員の権利として認められたものではなく慰労金という知事の恩恵的給付なのだから本質的には餞別や弔慰金と同じ性格のもので、人件費と同じに都庁費から出しても違法ではない、というのである。都民女性たちが裁判所に分かってほしかったのは、現職議員を退職者とみなして報酬月額と在職年数に応じ一率に支給し、しかも相当の高額にのぼるものを、餞別や弔慰金とどうして同列に論じられるのかということであった。裁判所も、それらの点では、「社会的意味ないし機能の点において一般の退職金と選ぶところがないような観を呈して」いて、妥当を欠くかもしれないが、としながら、「しかしこのことは、その法的性質に格別の影響を及ぼすものではない」と判断するのである。これが裁判所の限界というものであろうか。

第三は、改正自治法公布後の昭和三一年六月に自治庁から都道府県知事に対して、改正法施行（九月）前であっても改正の趣旨に背く給与の支給は控えるべき旨の通達があったのに、施行直前の八月に人目をはばかるようにして秘密裡に支給を強行したことが、知事の権限乱用による違法支出だとする原告の主張に対する判断である。判決は、この場合も、そういう疑問を抱くのも無理からぬことで、施行直前の支給が、議員の本来の職務の性格、地方自治法改正の精神からいって必ずしも妥当でない点があることを否定しえないとしても、「まだ被告がその東京都知事としての権限を乱用したことを肯定せしむべき事由とはなし難い」として、原告の主張を斥けるのである。

判決全体を貫く論理は、つまるところ、三千数百万円の支出が妥当を欠くものであることは確かだが、しかし、違法とまではいえないということに尽きる。納税者である住民たちが納得できないのは当然で、もちろん、これを不服として直ちに控訴手続きをとった。控訴審では、一審での主張をさらにふえんしながら、同時に原判決のこの論理の矛盾をついた。すなわち、この支出が権限の乱用である点を各側面から照明を当てその総合として違法性を帯びるとした原告の主張に対して、原判決がこれを個々に分解し、各部分ごとに形式だけを捉えて違法性を否定した点である。判決も、その分解したた一つ一つについては妥当を欠くものであることは認めているのだから、判決の前提に立ったとしても、これだけ不当な事実が重なり、しかもこれだけの高額の支出となれば、不当性の総合としての違法性が出てくるはずではないか、というわけである。

しかし、東京高裁でも「不当ではあるが違法とまではいえない」ということで、これらの主張は受けいれられなかった。もちろん、訴えを起こした当事者としては、最高裁による最終的判断を得たいと考えたが、被告の死亡という事態が生じ、また、すでに改正法の施行で、そのような支出は明確に違法とされていることでもあるので、上告は取り止めることとした。しかし、自治体の違法、不当な公金の支出については、納税者は決してだまってはいないし、また見過ごしてもならないということを、住民たちが自らの行動を通じて自覚し、一般の住民にもそのことを知ってもらったことは、大きな収穫だったと思う。そして、地方自治というものをほんとうに住民のものにするために結集されたあの時の女性たちのエネルギーと住民参加の姿勢は、今日もなお脈々として続いていると、私は確信している。

そして、個人的にいえば、市川先生を初めとする多くのすばらしい女性運動家や、ごく当たり前にみえて実はみずみずしい感覚と視点をもった女性たちに出会えたこと、さらに、久米先輩と数年にわたって密着し一つの事件に協働して取り組む機会に恵まれたことは、私にとって大変幸せなことだった。そして、これらは、その後の私の弁護士活動にも大きなプラスとなった。まさに、弁護士冥利のケースであった。

▼違法支出金補塡請求事件（住民訴訟）――いわゆる議長交際費違法支出事件――

昭和四七年九月一九日及び二〇日付朝日新聞は、東京都議会の議長交際費をめぐって裏帳簿が作られ、各党対策費や議会局幹部職員手当などがひそかに不当支出されていることを、裏帳簿の写真入りで報じ、議員のカラ出張や慶弔費の水増し請求などで裏帳簿の収入をはかり、表向きにできない出費の財源にしていたことを明らかにした。都議会議長の交際費については、昭和四〇年の議長選挙をめぐる汚職事件で十数名の現職議員が逮捕され、都民の要求により任期二年を残して解散、出直し選挙が行われるきっかけともなったもので、常に黒い霧事件のタネとなっていた。そして、同年八月の刷新都議会で「議長交際費その他議会経費の適正な使用」をうたった決議が可決され、それまで二、〇〇〇万円から四、〇〇〇万円乱費されていた交際費は一挙に五〇〇万円に減額、厳格な支出基準を設け、その使途もガラス張りとなったはずだった。

ところが、実はその直後からこの裏帳簿が作られ、基準に沿わない支出が、決算や監査の目をくぐってこの裏帳簿から出されていたことが明らかとなっては、都民の怒りが爆発するのも無理はない。いち早く対応したのは、やはり婦人団体で、二日後の九月二一日には三名の女性代表が東京都監査委員に対して、住民監査請求を行った。監査結果は、四七ページにも及ぶぼう大なものだったが、カラ出張その他の架空支出、水増し請求を財源として裏経理の収入をはかり別の使途に充てた事実を認め、「不正・不当な公金の支出と断ぜざるを得ない」と判断しながらも、知事及び議長に対し今後の改善、是正を勧告要望するのみで、都の蒙った損害補塡のための必要な措置はとられなかった。

監査請求をした都民女性は、当然のことながらこれを不服として住民訴訟にふみ切ることとした。前回の訴訟提起からすでに十五年の歳月が流れていて、婦人運動家の世代交替も徐々に進んでいたが、この時も市川先生が日本婦人有権者同盟の紀平悌子さんを同道されて私のところに依頼の相談にみえた。昭和三九年の地方自治法改正で、住民訴訟の提起は、監査結果通知のあった日から三〇日以内という制限が設けられていたが、相談に来られた時には、期限までわずか一〇日しか残されていなかった。

その夜、私は、訴状の構成を念頭におきながら、市川先生に質問をあびせかけ、説明と意見を求めた。四、五時間もかけただろうか。夜も更けてようやく先生をお帰しできるようになったとき、立ち上がった先生がふらふらっとされたことを覚えている。その時、すでに八〇歳になっておられたと思うが、失礼をもかえりみない執拗な質問に耐えて、よくぞポイントをはずさず的確に答えて下さったものと、不死身の先覚者にただただ脱帽するばかりだった。だが、しかし、それがあったからこそ、期限ぎりぎりの一二月一五日に駆け込み提訴ができたわけで、あの緊張の十日間を思うと今でも胃が痛くなる。そして、同時に、いじめすぎて市川先生に申し訳ないことをしたなと首をすくめたくなる思いも、未だに残っている。

それはともかく、この訴訟については、若菜允子弁護士に協力を依頼し心よくそれに応じてもらえたことが、幸いだった。二人は手分けして連日、法律や先例を調べ、必要な書類を集め、議論を重ね、訴状を作り上げた。前回の訴訟はキャリア十年先輩の久米弁護士との協働であったが、今回はキャリア十年後輩の若菜弁護士との協働で進めることになった。職人気質になりがちな仕事の進め方をしている私にとって、このような協働作業から得るものは、非常に大きい。とくに、この種の行政訴訟において、それはいえるように思う。呼吸が合えば、大きな戦力になる。

訴訟の内容を詳細に紹介する紙数はないが、監査請求を行った住民女性二名を原告、東京都議会議長職にあった某を被告として求めた判決は、「被告は、東京都に対し金一〇、二二四、〇〇〇円を支払え」というものである。すでにふれたような経緯で、被告が議長在職中に「議長として東京都の公金を予算の定めるところに従い、その定められた目的のために会計諸規定に定められた手続に基いて支出する義務がある」にもかかわらず、裏経理を利用して公金を違法に支出し、東京都に同額の損害を与えたので、その賠償を東京都に代わって求めた住民訴訟である。

この訴訟においても、被告はまず、議長は地方公共団体の職員ではなく、公金の支出、管理、処分等をなし得る地位にないから、損害補塡の住民訴訟の対象とはならない、と主張して争って来た。この点については、書面による応酬が数回続き、裁判所も、本案の審理に入る前段階の門前の問題は非常に難しいので検討中だが、次回期日までには結論を出したいという意向を法廷で洩らしていた。被告の適格について中間判決するかどうかということだったはずだが、ついにその結論を出さないまま、裁判長は次々に入れ替わった。そして本案の審理はどんどん進み、十人近い証人尋問も行われた。その間原告は、違法支出が行われた期間中の東京都議会局の関係文書一切の取寄せを裁判所に申し立て、取り寄せられた山のような文書のすべてを点検したうえ、必要部分をピックアップして書証として提出、証人尋問の際もこれを示して問いつめた。

このような悪戦苦闘の末、提訴六年目の昭和五三年五月に審理は終結されたわけだから、訴訟当事者にしてみれば、請求の中身に対する裁判所の判断がなされるものと期待するのは、当然であった。ところが、終結後一年を経た昭和五四年四月二三日、裁判所は、被告の行為は住民訴訟の対象にはならないとして「本件訴えを却下する」との判決を言い渡したのである。提訴後七年かけて、このような結論が出せるという仕組みを当事者にどう説明すべきか、私たちは困惑するばかりであった。

だが、控訴審の東京高裁では、三回の口頭弁論を経た後、翌五五年九月三〇日、私たちの主張が受けいれられ、「原判決を取消す。本件を東京地方裁判所に差戻す」という判決を獲得することができた。つまり、違法な公金の支出について住民による監査請求及び訴訟の制度を設けている地方自治法の立法趣旨に照らせば、被控訴人（被告）は請求及び訴訟の相手方となるべき者に該当するから、被告を誤ったと判断して原告の訴えを却下した原判決は不当であるからこれを取り消して原審に差し戻す、というわけである。

この判断を不服として相手方が上告したため、同五五年一〇月以来この訴訟は最高裁に係属し、その後なんの音沙汰もない。高さ三〇センチ余に及ぶこの訴訟記録は、最高裁判所のどこかの棚で眠り続けているかもしれない。提訴後すでに十余年、未だに本案前の問題で結論が出ないとは、長い道程である。

この訴訟の体験的実感からいえば、当事者にとって、国民にとって、裁判とはいったい何なのかを説明する義務が、裁判所にはあるように思えてならない。

三　おわりに

これまで見てきたように、行政事件訴訟は、形式や内容が複雑であるばかりでなく、権力の内部構造に踏み込むため、真実を見極め真相を明らかにするのに大変なエネルギーを必要とする。それと同時に、判決結果の影響力が大きいこともあって、いきおい裁判所も慎重になり、審理は長引き判決も遅れ、しかも判決結果に失望させられることのほうが多い。

しかし、国や自治体の職員による違法・不当行為を、国民や住民は黙って見すごしたりはしないということは、なんとしても示しておく必要がある。ときに、裏切られ、無力感に陥り、歯ぎしりするようなことがあるとしても、国民のための政府、住民のための自治体の実現のためには、その努力はどうしても払わなければならない。「権利の上に眠るものは保護せず」とは、まさにこのことなのである。

弁護士として、労苦のみ多く、それでいて費用もままならないこの種の事件に私が情熱をもやすのは、以上のような意義を感じているからこそである。そしてこれらの事件処理は、交通事故や金銭貸借、離婚や相続などの多くの市民事件と平行して進めているわけだから、シワ寄せの時間不足で徹夜を続けて構想を練ることも珍しくないが、そこに弁護士としての働きがいと生きがいを見出していることも、事実である。

現在、国を被告として進めている三件の国籍法違憲訴訟もまた、弁護士として止むに止まれぬ気持で引き受けた事件である。日本国憲法によって、性差別が禁止され法の下の平等が保障されたにもかかわらず、わが国籍法は父系（男系）優先血統主義を採用し今日に至っている。その結果、外国人と結婚した日本男性の子は常に父の日本国籍を取得できるが、外国人と結婚した日本女性の子は父が日本人でないため日本国籍を取得できないという性による差別扱いが生ずる。

このような父系優先血統主義は憲法の両性平等原則に違反する無効のものであることを主張して、いずれも、米人男性と日本人女性の間に生まれた子が母の日本国籍を取得していることの確認を求めた訴訟である。日本で初めて試みられた訴訟として、これもまた労苦の多い事件であったが、永石泰子、伊東すみ子、若菜允子三弁護士の参加を得、女性弁護士四名で協働を進めることができて、その労苦は半減し、ファイトは倍増した。

一審の東京地裁は、父系優先血統主義の差別性を認めながらも、二重国籍防止の効果や簡易帰化制度の活用等によって「著しく不合理な差別であるとの非難を辛うじて回避できる」として、「請求棄却」の判決を下した。そして、二審の東京高裁は、立法裁量に属することがらに司法権は介入できないとして違憲判断を避け、控訴を棄却した。権利の救済は最終的には司法権をもつ裁判所に求めるほかないのに、立法府への遠慮からか、裁判所がこのような消極的立場に終始する傾向に、私たちは失望し強い不満をおぼえた。二件の訴訟はいま、最高裁に上告中だが、この種の行政訴訟の困難さを凝縮した事件といえる。

しかし、如何に困難であっても、扉は叩き続けなければならないし、それを止めたとき日本の民主主義がその歩みを止めることを思えば、今後も私は、この種の事件を扱うことに情熱をもやし続けることになろう。それが、私が弁護士であることの意味であり存在理由でもあると考えるからである。

5　行きつくところまで行った借地のトラブル

――ある民事事件の体験――

山本清子（弁護士）

昭和20年明治大学法学部卒業。同21年度司法科試験合格、同34年弁護士登録、同40年婦人総合法律事務所共同設立。現在、東京家裁調停委員、日本婦人法律家協会副会長、㈶婦人少年協会理事、社会福祉法人済美会理事。

一　プロローグ

裁判所での仕事が少し早目に終わったので、久しぶりに買物にでもと思いたって新宿駅で降りた。まだ夕方のラッシュ・アワーには間があったが、それでも相変わらずの人混み。ホームから階段を降りた地下道の人波の中で、不意に「先生」と声をかけられた。

そこには以前と変わらぬ人のよさそうなHの顔があった。四十を少し出ているはずだが、苦労した割には年より若く見える。

「その節はどうも」と、全くこだわりのない態度で挨拶された。私にとって「その節」は、忘れられないいろいろな思いをいつまでも残しているのである。彼が、「いま、こういう仕事をしています」といいながら、差し出した名刺に目を当てながら、私はまず、「前の勤めはどうしたの?」、とたずねた。「やめました。それから、あの時差し押さえられたものの中に女房の兄貴のものがあったので、いまだに責められているし、大工には工事の未払金で追われています。」「そう、それは大へんね」といいながら、家財道具を差し押さえたのは、たしか建築業者だった、と頭の隅で考えながら、奥さんはどうしているか、と聞きたい気がしたが、そこまで立ち入るのはやめにした。女房の兄貴という言葉が出てくるくらいだから恐らく続いているのだろう。雑踏の中で、「じゃ、元気で……」といっただけで別れたが、むこうから声をかけてきて名刺をくれたこと、それに何よりもさして屈託のなさそうな表情と声に、長い間の気持の負担——といえばいささか大げさかもしれないが——が軽くなった思いがした。

とにかく元気らしいし、たとえ逆うらみだとしても、恨んでいる様子もない。以前の勤めは地方公務員で、二十年以上になっていたから、いざとなれば年金もあるはず、などと、地下道を出て、まだ夏の陽ざしの衰えない人波の中を歩きながら、しばらくHのことが頭からはなれなかった。

数多く手がけた事件の中には、いつまでも忘れられないのがいくつかある。Hの場合もそうだった。事件の依頼人である地主が、できるだけの好意を以て譲歩しているにも拘らず、まるで計画性がなく、お人好しなのかずうずうしいのか分からない彼のために、後味の悪い結果となり、何かにつけて思い出されるのである。

二　法律的無知のこわさ

▼単純な地代滞納から事件が始まる

事件は昭和五〇年秋に遡り、Hの亡父の代から何十年も土地を貸している賃貸人I氏からの依頼で始まった。Hが二年も地代を支払っていないというのである。催促しても一日のばし、彼の代になってからだらしがなくて困るので、法的に手続きをとってくれという。Hは父の死後、約五〇坪の借地権とその上の家を相続し、母親と妻と三人で、戦前からの古い家に住んでいた。子どももなく、勤務先もしっかりしているのに、地代を滞納するとはいまどき珍らしいことである。

早速、「内容証明郵便」で滞納地代の全額二三万三、六四九円を、郵便到達後一週間以内に支払うよう催告し、併せてこの期間内に支払わない場合には、土地の賃貸借契約を解除する旨の条件付契約解除の意思表示もつけ加えた。

一週間というのは、民法五四一条の「相当の期間」といえる期間で、もし、この期間内に延滞賃料の支払いがなければ契約は当然解除される。その結果、借地人は借地上の建物を取りこわして土地を地主に返さなければならないという重大な結果になる。

現在のように土地の価格が高くなると、地主としてはむしろ地代不払いを理由に土地を取り戻すことを願うが、このような内容証明をもらってもなお地代を支払わないような借地人など滅多にいない（供託理由があって供託する場合は別であるが）。

ところがHは一週間以上過ぎて持って来た。したがって貸主は受領を拒否して土地の明渡しを請求できるはずである。しかし、I氏は、地主・借地人としての五〇年に及ぶH一家との交流を考えて、一度は大目に見ることとして、滞納地代を受け取った。これで契約は継続し、まずは一件落着したかのようにみえた。

▼無断で新築を始めた借地人――地主の譲歩で和解へ――

ところが、それから九ヵ月後、再びI氏が訪ねてきた。今度はHが無断で借地上の建物を取りこわし、新築用の材木が運びこまれているという。契約書には「借地上の建物を増改築するときは、予め賃貸人の書面による承諾を受けること」という特約がある。

I氏がHのところへ事情をただしに行ったところ、Hは「金を払えばいいんだろう」といったという。Hはすでに分別盛りの年齢であるはずなのに、あまりに無知というか世間知らずというか、I氏はあっけにとられてしまったようである。

増改築には、事前に賃貸人（地主）の承諾が必要なのであって、承諾料を支払えばすむという問題ではない。まして、少々の増改築でなく、新築である。賃借人の契約違反であるから、貸主は契約解除ができ、その結果として土地の明渡し請求ができる。

再度I氏の依頼で、ともかく法律的にけじめをつけることにした。

(1) まず、H宛に、契約違反を原因として土地の賃貸借契約を解除する旨の内容証明郵便を出した。配達証明によるとこれは翌日Hのところへ到着した。

(2) 次に「本件借地上に建物を築造してはならない」との建築工事禁止の仮処分申請をした。もちろん、工事の進行を防ぐためであるが、これには時を移さず、証拠を集めて手続きをしなければならない。

仮処分は仮差押とともに保全処分といわれるが、裁判の判決の確定または執行までの間、権利を保全するために裁判所から命ぜられる暫定的処分である。この事件でも、仮処分をしておかないとHは工事を進めてしまい、貸主が勝訴の判決を得ても、建物をこわさなければならず執行が困難になる。

保全処分を申し立てるには、保全される権利は何か（この場合は、貸主の所有権に基づく土地明渡請求権）、保全の必要性（判決をまってからでは建物が完成して、土地明渡しがむずかしくなる）を明らかにして証拠を添付するが、迅速を要するので証拠は疎明でよいとされる。疎明というのは、裁判官に一応確からしいという推測をさせる程度の証拠で、疎明資料は即時に調べられるものに限られている。

したがって現場検証や証人の呼出しはできないので、すぐ現場の写真を撮り、債権者であるI氏の説明を報告書として作成し、土地の登記簿謄本、固定資産税の評価証明書をとり寄せ、契約書や内容証明郵便、配達証明書のコピー等を添付して、東京地方裁判所の保全係に不動産仮処分申請書を提出した。

依頼を受けて四日目であり、その日のうちに裁判官に面接となる。もう一つ、保全処分の命令を得るには保証金が必要であり、ふつう、この面接の際保証金の額が決定される。そこでその金額を法務局に供託し、供託書を裁判所に提出すると、命令の決定正本が渡される。

これに基づいて執行して目的を達する。しかし、事件が複雑であったり、相手（債務者）に与える影響が大きいときなどには相手方にも抗弁や主張、立証の機会を与えるために、期日をきめて債務者を呼出し、審尋が行われる。

この事件でも、審尋期日がきめられ、速達便でHの呼出しがなされ、Hは指定の期日に一人で出頭してきた。

担当裁判官は、結果の重大性から和解を勧告された。そこで双方の意向を調整するため、何度か和解期日が持たれて話合いが行われ、その間は事実上工事は中止するよう勧告された。

東京周辺の住宅地の地価の値上りは激しく四、五〇坪の土地を手に入れることは容易ではない。借地であれば、借地権価格は地価の七割前後に評価されているから、簡単に借地を返還する人などいない。その割には地代収益は少ないこともあって、借地や借家の争いは多い。それだけにHのように、何をどう考えているのだろうか、と思わず首をかしげたくなる八方破れの当事者には、かえってめんくらってしまうほどである。

(3) それでも地主のI氏は、常識的な金銭の授受を条件に再び和解で解決することに同意し、和解が成立したのは、仮処分申立てからちょうど一ヵ月後、和解条項の大要は次のようなものであった。

1　債権者（貸主）は、債務者であるHに引続き本件土地を賃貸し、同地上に木造住宅を新築することに同意する。

2　債務者は債権者に対し、解決金として金二〇〇万円を、その年の年末と次年の年末の二回に分割して支払う。

3　債務者が和解条項に違反した場合は、債権者は1の賃貸借契約を解除することができ、この場合には債務者は債権者に地上の建物を収去して本件土地を明け渡す。

裁判所で和解が成立し、調書が作成されると、判決と同じ効力を生ずる。したがって、義務を履行しない場合は、これにもとづいて強制執行をすることができる。

地主にとっては、数千万円の価値ある更地となって返ってくる好機であったのに、このような条件で和解が成立したことは、Hにとっては幸運だといえる。

しかし、結果的には、この温情的な解決がHにとってかえって仇となった。その後、家を失い大きな借金を負い、長く勤めた職場も捨てざるを得ないことになるなどとは思いもよらなかった。彼には家を建てる綿密な資金プランも、また、事前に、地主の承諾が必要だという常識もなかったというのが根本的な原因ではあるのだが……。

▼ずさんな建築資金プラン――計画は次々挫折――

和解成立の直後、Hは地主に住宅建築資金借入れのため、ある住宅ローン会社への融資申込書に、建築承諾の捺印を求めてきた。

万一、融資の返済が滞った場合、相当の金銭の支払いによって、借地権をローン会社に譲渡することを承諾するという趣旨のものである。地主がこれに応じなければ、恐らく建築は不可能となるのでI氏は、Hが家を建てられるよう捺印し協力した。

Hの計画では、勤務先と市中銀行からの有利な融資を当てにしていたらしいが、ずさんな思惑だけでうまくいかなかったようだ。地主としては、和解調書で約束したとおり地代と約束の示談金を支払ってもらえばよいわけで、建築が順調に進むことを期待していたのである。

〈ルーズな男の生い立ち〉

その年の春、Hは遂に裁判所で約束した一回目の分割金を支払わず、翌年に入ってようやく半分の五〇万円を持ってきた。

一方、建築は遅々として進まず、一年近くたってようやく一階部分だけができて入居したようだが、アパート形式の二階は未完成で使っているようには見えなかった。

I氏の催促もないままそのうち何とかいってくるだろうと時折り思い出してはいたが、翌五二年の暮にも約束の示談金の支払いはなく、何の連絡もない。とにかく、本人に会って事情を確かめなければと、年が明けた五三年二月の末のある夕方、Hの新築の家を訪ねた。玄関のブザーを押し名を告げると、Hの老母が出てきて中に招じ入れてくれた。玄関左手の台所の前を通り、四畳半の居間に入ると、老母は一人こたつに入り、電灯もつけずにいるのだ。幸い前の街路灯で結構明るい。はじめは老人らしく倹約のためと思ったが、ことはもっと切迫していた。

老母の話によると、Hは借金に追われ、夜半でないと帰らないという。二階にはようやく建具が入ったが、金が足りなくてガスが引けず、人に貸せないでいる。Hの父親は公務員だったので、私にも恩給があるが、それも全部使われてしまって生活にもこと欠く有様、嫁も働らいていたが、遂に出ていってしまったという。

老母は、年寄りらしく自分の身の上話もした。若い時はさる上流家庭に行儀見習いとして上り、気に入られて、今でもその家へ季節の挨拶に行くという。そしてその家の子息がいまは高級官僚で、息子の就職もその後の職場の配置転換も、すべてその人に依頼して実現してきたなどという話もした。なるほど、しっかり者の母親は息子かわいさで、ずい分手を貸してきたのだろう。その結果、息子は全く世間知らずのまま、のほほんと今日まできてしまったのだろう。Hのやることは万事計画性もなければ、常識にも欠けているのだから。老母は淋しかったにちがいない。アルバムを出してきて、息子夫婦と旅先でうつした写真まで見せてくれた。

とにかくHに連絡をくれるよう頼んで、その家を辞した。

三　事件処理に向けて

▼遂に法律的処置——土地の賃貸借契約解除へ——

私はHの建てた家の登記簿謄本を取り寄せてみて、改めて驚いた。

木造二階建共同住宅、一階六〇・四五平方メートル、二階五三・八二平方メートルの建物は、五二年八月に一度人手に渡っていることになっている。〇〇商事という名はサラ金会社でもあろう。最初に地主が建物の抵当権設定について承諾した会社から①一、一〇〇万円、その二ヵ月後②二、〇〇〇万円の根抵当、そのまた数ヵ月後に③六〇〇万円、その直後に④五〇万円という具合に、次々と借金して前の借金を返して抵当権を抹消し、最後に商工組合中央金庫から一、五〇〇万円を借りて、それ以前の根抵当権や賃借権設定仮登記などが抹消されていた。

とにかく、数日後に現われたHに事情をただすと、途中で建築資金が不足し、金策に走り回っていたところ、「自分はある銀行に顔がきくから、一五〇〇万円預金すれば倍額三〇〇〇万円を貸してもらえる」という人があったので、その話にとびついた。指定の銀行で待ち合わせ、小口のサラ金などでようやく集めた一五〇〇万円をその人に渡すと、手続きをしてくるからと奥へ消えたが、そのまま男は戻ってこなかった。かご抜け詐欺にひっかかったのだ。すぐ警察に訴え、一週間後に男は捕ったがすでに無一文で金は返らず、二階を貸して借金を払っていく予定も狂って、二進も三進もゆかないという。

Hのルーズな性格といい、もはや、救いようのない状態である。I氏もこれ以上の温情はかけられないということで、今後は法律的手続きを進めていくことに相談がまとまった。

▼建物の占有権移転禁止の仮処分

まずHに対して、先の和解できめた条項に違反して約束を履行しないので、土地の賃貸借契約を解除する。同時に、地上の建物を収去して土地を明け渡すよう、内容証明郵便で通告する。

最終的にどのように解決するかは、今後のなりゆきによって考えることとするが、サラ金業者がからんでいることもあるので、万全の手続きをしておかなければならないのは、弁護士として当然である。

現在、階下にH母子しか住んでいないが、二階に入居者があると、これを正規の手続きで立ち退かせてからでないと、建物の収去はできなくなる。そのため、今後建物に入居しても、建物収去の執行の際、債権者たるI氏に対抗できないようにしておかなければならない。その手続きが、建物に対する占有移転禁止の仮処分である。五三年六月中旬、この申立てをする。保証金五〇万円で仮処分決定を得る。直ちに執行官に執行を委任し、六月二一日執行と決まる。

当日、この執行に立ち会う。階下にHとその母が居住しているが、執行時にはこの母一人が家に居て、二階にはガス・水道の工事が未了で居住者はない。この占有関係が一番大事な点で、今後の権利関係の帰すうに重要な影響を及ぼすものである。

執行官は、建物の現況および占有状態を調査した上、「債務者の占有を解いて執行官の保管とする。現状を変更しないことを条件に債務者に使用を許す」旨の公示書を、玄関内右側の壁に貼付した。私は立会人として、執行調書に署名捺印し、仮処分の執行は終了した。

▼虫のいい債権者たち

ついで、建物を収去して土地を明け渡させるための手続きに入ったが、その頃、Hの借金の保証をしたという会社経営者と、工事費を立て替えたという大口の債権者から面談したいとの申入れがあった。借地権付で三、九〇〇万円でこの家を買いたい人があるから承諾してくれという。Hの負債はかっているだけでも二、五〇〇万円以上あるとのこと。それを差し引いた残りから地主には借地権譲渡承諾料を払う、といういささか虫のいい案である。ともあれ債権者や抵当権者・保証人等何人もいることであり、全員で話合って結論を出してほしいと回答したが、それぞれ利害がからんでなかなかまとまらない様子である。

地主としては、せっかく新築した建物であるから、これを時価で買い取って利用することも考えたが、当時建物としてはせいぜい一、二〇〇万円くらいのもの。それに対して銀行の抵当権が一、五〇〇万円、個人の根抵当権が一、〇〇〇万円ついている。

銀行からの一、五〇〇万円を借入れた際の保証人となった会社の経営者は、Hが一時アルバイトしていた先の社長だという。なぜ、Hのような男に大きな融資を紹介したり、保証をしたのであろうか。その点は疑問だったが、Hがれっきとした公務員であること、真面目そうであり、借地権については、地主の譲渡の承諾があると錯覚してしまったことなどに原因があったようだ。

地主が借地権の譲渡を認めたのは、Hが最初に借入れをした住宅ローン会社のみである。それ以外の債権者には当然には土地の権利はなく、Hの新築した家に何千万円の抵当権をつけても砂上の楼閣で担保価値はない。

主だった債権者たちと何らかの解決策を探りながらも、最後の建物収去の手続きは一応進行させていた。しかし、債権者間の調整も金額的に差が大きく、依然話合いは平行線のまま、適当な妥協点がなく、交渉は暗礁に乗り上げてしまった。

そして五三年の秋、ようやく和解調書にもとづいて、裁判所から建物収去命令を得て即時抗告もなく確定した。

Hの母親は翌年早々、老衰で死亡した。八〇歳をこえて気丈であった老母にとって、さぞ息子のことが心残りであったろうと心が痛んだが、新しい家で葬儀ができたことが、せめてもの慰めであった。Hの家はほとんど日中留守で、内容証明や、裁判所からの執行文、審尋の決定、収去命令などの送達が受領されず、手数も日数も大分かかってしまった。これらの文書は、相手方に送達されないと効果が生じないし、実際に相手方が故意に受け取らないと、なかなか面倒な場合もある。

▼係争中の建物に無断入居者——悲しき家族たち——

そうこうしているうちにある春の日、地主から二階に人が住んでいるらしいと知らせてきた。現場に駆けつけてみると、二階の三室の各ドアには外から南京錠が取り付けられ、ドアには「㈱A商事社員寮」と書いた木札がかかっている。

一番奥の部屋に人の気配がするのでノックをすると、三〇歳前後の女性が顔を出した。幼児と赤ちゃんもいる。念のため名前を確かめると、建物に一、〇〇〇万円の根抵当権の仮登記をつけたBの知合いで、Cの妻子であるという。

この建物が裁判沙汰になっていることは聞いていたが、Bからしばらく住んでくれといわれ、ちょうど移転先を探していたので引越してきたといい、三室のうち二室を使っていた。

Bの名刺には「B建設株式会社・代表取締役」となっているが、建物に根抵当権の仮登記をし、更に、停止条件付賃借権設定仮登記までしている点から金融業もしていると思われた。

C一家が入居したのは、明らかにこちらの建物収去の強制執行妨害戦術である。C夫婦は交替で訪ねて来ては、小学生を頭に子どもが三人、おまけに名古屋から老母まで心配して上京してきたので、この大家族ではアパートもなかなか貸してくれない。仕事に失敗して金もないなどと長々と涙ながらにしゃべって行く。

子ども三人と老婆、夫婦の六人で部屋を占拠されていては、裁判所の明渡命令があっても、強制執行をして野宿しろとはなかなかいいにくい。そこを見越して最初から移転料でもせしめる魂胆であることはみえみえである。隣室には引越用のダンボールが積み上げてあり、荷どきもしていない。小学生の子は転校もさせず、元の学校へ電車通学をしているようだ。こういう商売があるとは聞いていたが、はじめてお目にかかった。

そこでこちらも対抗して、BやCそしてA商事らを相手として、建物を明け渡せという断行の仮処分命令を得る。保証金は一〇〇万円である。

四　新築建物の取壊し

▼いい気な債務者

一方、Ｈは母の死のあと再婚し、新婚気分でいるらしいのにはいささかびっくりした。恐らく深い事情も知らず、新築の家があり、再婚といっても子どももなく、勤め先も固いと、女性は喜んで結婚したのだろう。

その頃、このままでは最悪の事態になるのは目に見えているので、Ｈの傷を少しでも小さくしてやりたいと思い、Ｈ宅へ立ち寄った。折よくいた新妻に、私は事情を説明し、Ｈにはこの土地を使う権利はすでになく、間もなく家は取りこわされる状態だから、今のうちに移転先を探して立ち退いたらどうか。今なら移転に必要な費用くらい地主から出させるから、といって説得した。

しかしこの新妻は断固として「Ｂ建設の社長が悪いようにはしないから自分に任せておけといってくれています。Ｂ社長にお任せしてます」と、全く聞く耳を持たぬ有様で、何も知らずにＢに利用されているようである。大した家財道具のなかった家に、花嫁の新しいたんす・茶だんす・テーブルなど置かれ、それがどうなるかも知らず哀れである。

▼最後の手段、建物収去土地明渡しの強制執行――悲しき家族に移転料――

五四年七月一一日。いよいよ来るところまで来てしまったこの事件、建物収去土地明渡の強制執行に取りかかる。当日、執行官と時間を打ち合わせ、Hの家で立ち会う。執行官が居合わせたHの妻に来旨を告げ、執行に着手した。同時に二階の明渡しの仮処分を執行。予め頼んでおいた作業員が、Cの使っている二室のうち一室に積み上げられていたダンボール箱をCの家族が占拠している方の部屋に運び、一室だけ明渡しを執行した。小さい子が三人もいるので、一室はすぐ明け渡させることはしなかった。

七月一六日。数人の作業員をともない、再度執行に立ち会う。裁判所の職員である執行官は実際の建物の取りこわしや明渡しの作業はできない。そうした作業員その他はすべて債権者が用意する。

作業員は通称執行屋さんと呼んでいるが、裁判所の職員でもないし、法律上は認知されていない職業だが、取りこわしとか競売とかの執行手続き一切を補助してくれる人たちである。また執行には債権者本人か成人の立会人を必要とするが、それらを執行屋さんに依頼することも多い、という具合に、私達弁護士に必要にして便利な人達である。

A商事の品ものは、傷つけないように執行屋さんがダンボール箱に手ぎわよくつめこんでいく。それを用意したトラックに載せ、前もって予約してある倉庫へ運んで、保管委託した。その見事なばかりの作業を見ていると、さすがにこの道のプロだと痛感する。

問題のCの家族には、移転料と運送料を支払ってやり、四日後に任意に明渡しさせることにした。相手の手のうちはわかっていたが、こういう事件の中で一生懸命演技をして生きていかなければならない人たちに哀れを感じ、あえて金銭を支払って立ち退かせたとはいえ、これもI氏の出費ではある。引越し先をあちこち探しているフリをしていたが、住む所は別にあったにちがいない。続いて一階のHの住居について執行。品物を一部屋にまとめ、空けた部屋の襖を釘付け封印した。

七月二六日。執行官はCの家族が立ち退いて遺留物件のないことを確認し、ドアを釘で打ちつけて不法に第三者が入らないようにした。これで二階部分の明渡しが完了した。

七月三〇日。執行に立ち会う。Hの家は鍵がかかり留守。こんなこともあろうかと、伴った鍵技術者に開けさせる。同じ日、同じ執行官のもとで請負代金未払いのため差し押さえられていた家財が建築業者により競売され、トラックで運び出された。こちらには関係ないことだが、Hの新妻の品ものが大半ではなかったか。無知のためとはいいながら、みすみす夫の負債で失うとは……。タンス、テレビ、ステレオ、洗たく機などなど、全部でたった九万八、〇〇〇円である。残りの道具類やふとん、衣類、食器などはHに引き渡して家の取りこわしという順序になるが、H夫婦は不在なので、これらを倉庫に預けることとして荷作り、あっという間にダンボール一〇二個につめられ、トラックで運び出された。執行屋さんたちの手なれた作業には今度も目を見張る。

執行官の指揮で畳をあげ、床板をこわし、最後に外側から窓、ドアを釘付け封印し、入口ドアに、建物収去、土地明渡執行中であるから、執行官の許可なく占拠してはいけないこと、犯した者は刑罰に処せられるとの公示書を貼って一応その日は終了する。

その晩、アルコールの力を借りてHがわが家にどなりこんできて、パトカーを呼ぶ一幕もあった。

その時のHの姿が、この事件中、わずかに男らしく見えたのは皮肉である。Hのかわいがっていた一羽のインコは、倉庫に預けるわけにもいかず、わが家に一時預っていたが、その後Hが来て引き取っていった。

八月四日、建物収去の予定日。午前中現場に立ち寄る。よく晴れていた。

予め用意した一〇人ほどの作業員は、執行官の立会いのもとに、相変わらず手なれた様子で取りこわし作業にかかっていた。取りこわした資材の置場所も運搬のトラックの手筈もすべて手配ずみであり、あとは執行屋さんに任せて現場を去った。

午前九時から始めた作業は午後六時に終わり、債権者に土地の引渡しがされてすべて完了。

しかし、解体した畳・建具・材木等はHの所有であるので、そのままでは勝手に処分できない。最後にこれらをI氏の二〇〇万円の債権で差押えをし、ついで、競売手続をした。全額二〇〇万円也でI氏が競落、といっても全部廃棄である。

五　エピローグ

Hの夢はわずか二年半で影も形もなくなってしまった。地主I氏のとった態度は、Hの亡父母との長い交際からきた温情であったが、結果は彼にとって最悪の状態で終わった。すべてHの責任とはいえ、その後のHが何処で生活しているか全く消息は分からなくなった。

とに角、この事件に登場してきた人達は忘れ難い印象を残し、それぞれ何かを訴え教えてくれたような気がする。

息子に年金まで使われたHの老母、真実を伝えても信じず花嫁道具を全部競売された新妻、立退き料かせぎの一家、建設会社の社長と名のる金融業者、顔はみないがカゴ抜け詐欺の男、Hを信用したばかりに一、五〇〇万円を損した会社経営者等々。

だが、まだ一人、二階を社員寮だとして頑張ったA商事の社長というA。「地主ばかり儲けやがって」と悪態をついたのが耳に残る。彼は二階の占有者に対する明渡断行の仮処分決定に異議の申立てをして争ってきた。昭和五三年三月一日から七年間の約束で二階全部を借り、賃料は月たった六、〇〇〇円、敷金六二万円を支払ったという同日付の契約書を出してきた。更に、建具など未完の部分の補完費用は賃貸人が負担する約束で合計七三万円を支払ったという。しかし、五三年六月二一日に執行した占有移転禁止の仮処分の際の調書には、その時点で二階には占有者のないことは明らかで、異議の申立てには充分対抗できる。まして、六帖・台所・便所付のアパート三室の家賃が六、〇〇〇円で、敷金を賃貸期間より長い八年半分も支払ったりあやしげな契約書である。あのHなら、いくらかの金のために日付を遡らせて契約書に捺印するくらいなことはするだろう。

だが、ここでもI氏は、畳・建具代だけはAも費用をかけているので支払ってやってもよいというので、七〇万円で和解をした。Aもまた甘い汁を吸うために集まった一人であろうが、計算は合ったかどうか。I氏としては、結果的には一番得をしてしまったことと、あとの嫌がらせを心配していたようだ。そこで和解条項にはわざわざ、債権者（I氏）に対し、直接交渉や迷惑、妨害となる行為をしないこと、違反した場合賠償責任を負う、という一項をつけ加えた。

これで一切終了。記録によると昭和五五年二月一日となっている。

6 多様な家庭紛争解決へのたゆまぬ努力
——家事事件の経験——

宇野美喜子（弁護士）

昭和26年3月、東京女子大学（歴史科）卒業。通信教育（中央大学）で法律を学ぶ。昭和44年4月、弁護士登録。第一東京弁護士会所属。現在、東京家庭裁判所家事調停委員、参与員。

一　日々の仕事

「家事事件を扱う弁護士って、どんな風に仕事をするのですか」とよく訊かれる。この種の問いに応えて、いわゆる家事事件について、弁護士がどのように関与するかをわかりやすく説明するには、どうしたらよいか——いろいろ考えた末、ある月の初旬の業務日誌から、家事に関係のある部分を拾って、書き出してみることにした。

ただし、弁護士には、厳格な守秘義務が課せられており、また家事事件はその性質上、特に深く個人の秘密に係わっているので、いきおい一般的・抽象的な書き方をとらざるを得ないこと、事案の内容は、さまざまなケースをミックスし、更に簡略化した結果、元の姿は消えて関係者が読んでも気が付かない程度のものになっていることをあらかじめお断りして、もっぱら仕事のやり方という観点から読んで頂くようお願いしたい。

なお、この期間に、調停委員・参与員としての仕事もしているが、これについては、後に一項を設けたので、ここでは割愛する。また、家事事件以外の仕事については記載しなかった。実際には、このほかにもたくさんの仕事を行っているから、かなり忙しい毎日である。

▼代理人として

○月○日　家庭裁判所の入口で本人と待ち合わせて、遺産分割事件の調停に臨む。私は、申立人である被相続人の先妻の子どもの代理人で、相手方は故人の後妻とその子どもである。相手方は、ほとんど唯一の相続財産である店舗兼住宅は、名義こそ亡くなった夫独りのものだが、自分たち夫婦が働いて手に入れたのだから、半分は妻である自分のものであり、あとの半分は、ここに住んでいる自分たち母子が相続したと主張して、長年店の仕事を手伝ってきた申立人には、僅かな金銭を渡してすませようとした。このため話し合いがつかず、調停申立てに至ったものである。すでに何回か調停が重ねられ、こちらからは寄与の状況などを説明し、いろいろ資料も提出している。調停委員の理非を尽くした説得、相手方代理人の熱心な努力の甲斐あって、今日の調停では、相手方たちも、ようやく自分たちの言い分が虫がよすぎることに気付きはじめたらしい。次回までに、代償分割も含めて具体的な分割案を考えてくることになり、期日を決めて終了。

○月○日　地方裁判所での証人調べの帰途、弁護士会で、別居中の妻の代理人として、夫の代理人と面談。夫の方では、或る日、一寸した口論がきっかけで、妻が子どもを連れて実家に帰ってしまったといっておこっているが、妻に聞いてみると、何かにつけて大姑、小姑が夫婦のことに口を出すのをこらえて来たが、我慢も限度に来て、口論をきっかけにとび出したのだという。双方、弁護士が仲に立って交渉を重ねるうちに、妻が黙って辛棒する性質であったため、昼間家にいない夫は、それほどまでに我慢していたとは気がつかなかったらしいことがわかってきた。そこで、改めるべきことは改めるようにするから戻って来て、という夫の言葉に、妻も納得して、婚家へ戻ることになり、今日はそのための取り決めを相談している次第。あと一息というところまで漕ぎつける。

○月○日　事務所に戻ったら、離婚問題で折衝中の先方の代理人の弁護士から、留守中に電話が入っていた。早速、電話したところ、こちら（妻）が引き取る幼児の養育料の額および面接交渉の回数について再考してほしいとのこと。当方としては、養育料はぎりぎりの額であり、決して無理なものではないと思うからこれで決めてほしい、面接についてはお申し越しのとおりにさせるように話してみましょう、と返事する。

▼遺言の執行等

○月○日　遺言執行者として、相続税の申告を含めて相続に関する一切の処置を委されている事案について、死後六ヵ月目の相続税の申告期限が迫ってきた。朝から、税理士を交えて、相続税の納付方法を検討する。被相続人の療養に貯えの大方を使い果たし、遺産はほとんど先祖伝来の家屋敷だけ、にも拘わらず、相続人が少ないため、思いのほか多額の相続税がかかるといううきびしいケースで、相続人は途方に暮れている。検討の結果、取り敢えず延納の手続きをとり、成るべく早い機会に敷地の一部を処分して完納しようということになる。続いて、延納の担保とするため、司法書士と、家屋敷の相続登記の手続きについて相談する。

○月○日　留守中の財産管理を頼まれている海外駐在員のAさんの端株整理のことで、証券会社へ行く。商法改正の関係で、同様の用件で来社する人が多いらしく、かなり待たされた。

○月○日　夜一○時過ぎ、自宅に電話があり、先輩のBさんが旅行先で亡くなったとのこと。詳しいことはまだ何もわからないという。出発前の忙しい時間を縫って、遺言を託していったのは、虫の知らせというものだろうか。驚きと哀悼の念で、寝つかれないままに、家庭裁判所に遺言書の開封、検認を申し立てるのに必要な書類などを確認する。

▼法律相談など

○月○日　午後から、弁護士会の法律相談の当番。三件の相談のうち、二件が家庭問題であった。

一件目は、夫が見栄張りの浪費家で、一緒にやっていけないので離婚しようと考えていた矢先、蒸発した。あちこちから催促がきているが、別れても借金は返さなくてはならないか、という相談。家にはロクな家具もなく、家賃もとどこおりがちの苦しい生活で、借金はもっぱら夫が妻に内緒で自分独りの遊びのために費消したものらしい。そうとすれば、借金について、妻には責任がない。しかし、離婚については、妻の一存で、というわけにはいかず、夫と話し合わなければならないことを説明し、夫の行方を探して、きちんと決まりをつけるよう助言。

もう一件は、相続がらみの問題。地主が亡くなり、その相続のことでもめているらしく、三人の子どもからてんでに違うことを言ってくる。近所に住む長女が、相続したから地代は私にくれ、というので渡していたら、長男から、地代不払いで出ていけという内容証明がきた。次男の奥さんからは電話で、うちにも権利があるんですからね、と言ってくるし、どうしたらよいか、というのが、いろいろ聞いた揚句ようやくわかった相談の要点。地代は期限に遅れないように供託すること、他に契約違反がなければ、心配はいらないことを説明し、供託の方法を教える。

○月○日　一昨日、以前に相続のことで事務所にみえたCさんから、久しぶりに電話があり、遺言のことで相談に行きたいとのことだったので、今日の夕方の時間を約束した。勤めの帰り、定刻に現われたCさんは、親父のときでこりたので、自分は、後に面倒が残らないよう、確かな形で遺言しておきたいのだ、という。

公正証書による遺言が、一番Cさんの希望に合うと思われることを話し、後日、公証人の都合を聞いて連絡することにする。次に、どういうことを遺言したいのかを尋ね、法律的な問題点などについて検討し、公証役場に行くまでに考えをまとめておくよう、また印鑑証明等の必要な資料を準備するよう助言する。

▼多岐にわたるテーマ

ここに記したのは、たまたまこの期間の業務日誌に登場した家事関係の事項であるが、家事事件と呼ばれるものには、これ以外にも、おびただしいテーマがある。例えば、婚約不履行、婚姻費用分担、財産分与、認知、親権者・監護者の指定や変更、離縁、子の氏の変更、扶養、相続放棄、寄与分、遺留分等々。このように多岐にわたるテーマに通暁し、いろいろな角度から弁護士として関与して、常に適切な処理を行うことは、なかなか容易なわざではない。それに家事事件は、画一的な処理に適さず、それぞれの事案に合ったきめ細かな個別的な解決が望まれる。またよい解決のためには、家事事件のみならず、広く各分野の法的な知識・経験を活用していかなければならない。

必要な新知識のインプットといい、具体的な事案解決のための各種の作業といい、いずれも時間のかかることであるから、少し大袈裟にいえば、いくら時間があっても足りない。こうして、弁護士になってからというもの時間の使いでがなくなり、月日がとぶように過ぎていくような気がしてならない。

二　家事調停について

つである。

▼審判と調停

調停や審判の席に、調停委員や参与員として連なることも、弁護士が家事事件に関与する場合の一

家庭裁判所には、家庭に関するさまざまな問題が持ち込まれるが、家事部ではこれらの問題のうち、家事に関するものについて、審判、調停およびこれに付随する処分等を行っている。審判事項の中には、例えば、禁治産宣告、養子縁組の許可、遺言書の検認などのように争訟性がなく、どのように処理するのが、関係者のためにも社会的にも一番よいかが問題である事項（家事審判法の用語にしたがって、甲類事件という）と、例えば、親権者の指定・変更、扶養、遺産分割などのように、当事者の間に争いがあって持ち込まれる事項（同じく乙類事件という）とがあり、このうち、甲類事件は専ら審判で処理されるが、乙類事件については、審判・調停のいずれによることもできるとされている。調停では、前記の甲類事件と戸籍訂正等の特別審判事件は扱えないが、それ以外の事件、すなわち乙類事件をはじめとして、離婚その他の人事に関する訴訟事件、その他一般に家庭に関する紛争事件ならなんでも広くその対象として、処理を行っている。換言すれば、家庭に関する紛争の処理は、原則として、まず調停からとされ、調停は、家庭紛争の解決に大きな役割を果たしているのである（詳しくは、家庭裁判所

に関するすぐれたガイドブックである『家庭紛争と家庭裁判所』〈安倍正三＝石川稔＝梶村太市著、有斐閣新書一九八二年刊〉を参照されたい)。

▼調停の進め方

家事調停は、通常、家事審判官（裁判官）と二人以上の調停委員から成る調停委員会によって進められ、訴訟と違って、非公開の調停室で、形式にとらわれない自由な話し合いを中心に、紛争の解決がはかられる。調停委員会は、公平な立場に立って、当事者の言い分によく耳を傾け、法律をふまえて、具体的な事案の解決としても妥当な合意に達するよう、調整に努力する。

調停室の外には、廊下を隔てて、複数の待合室があり、相手と顔を合わせたくない場合には、顔を合わせなくてもすむようになっている。東京では、子ども連れの当事者のために、ベビーベッドなども用意されている。調停に出頭する人々の中には、女性も少なくない。女性の当事者にとって、調停委員の中に同性を見出すことは、何かと心丈夫に受け取られることが多いようだ。いうまでもなく、調停委員としては、女性だからよくても悪くても女性の肩を持つ、といった考え方をとるようなことは夢々ないが、悩みを抱えてやってきた家庭裁判所において、調停委員の中にも同性がいて、自然に話しやすい雰囲気が作られるとしたら、これは紛争解決のためによいことではないだろうか。

このようにして、調停では、おだやかな静かな雰囲気の中で、もつれた糸をほぐすように、家庭に関する紛争を一つ一つ解決していくのである。

代理人として調停に出ていると、当事者が調停委員の一挙手一投足をひどく気にしていることがよくわかる。調停委員の態度は、調停の帰趨に抜きがたい影響を与えるといっても過言ではないであろう。だから、調停委員になると決まったときには、よい調停委員になろうと決心した。そして、よい調停委員になるために、取り敢えず、これまでの経験から、こんなときにはこうしてほしいと思ったことを実行してみようと考えた。

▼よい調停委員とは

さて、私の考えたよい調停委員の条件であるが、まず第一によい調停委員は、当事者の話しをよく聞かなければならない。当事者は、話すことがカタルシスになって落着くこともあるし、話している うちに考えが整理されて解決の方向を見出すこともある。調停委員としても、注意深く話しを聞くことによって、問題の真のありかがわかり、解決の糸口をつかむことができる。

ところが、いざ調停委員になってみると、このよく話しを聞く、ということが意外にむずかしい。当事者は、要領のよい話し方をするとは限らず、むしろ逆であることが多い。また必要なことを全部話すとは限らず、自分に都合のいいことだけを話すこともあれば、それが大切なことかどうかわからないために言わないこともある。聴く方としては、時間が貴重であるという思いもあって、つい先を急ぎたくなる。しかし、そこをぐっとこらえて、じっくりと当事者の話しを聞くようつとめている。

次に、よい調停委員は、当事者に信頼されなければならず、そのためには、公平無私な態度で暖かく当事者に接しなければならない。調停は、当事者の合意があって、初めて成り立つ。当事者間では話しがまとまらなかったからこそ、調停に持ち出されたのだから、その調整の過程では、調停委員は、当事者の耳に快いことばかり言ってはおられず、よい解決のためとあれば、苦言を呈しなければならないことも往々にしてある。そのような場合に、当事者の調停委員の言を素直に受け入れるとしたら、それは調停委員を信頼しているからにほかならないであろう。

この条件は、当たり前といえば当たり前のことだし、実際にもさほど困難なこととは思わない。しかし、独りよがりに陥って、当事者に合意を押しつけたりすることがかりそめにもないよう、繰り返し自戒している。

最後に、よい調停委員は、その事案の問題点を正しく見定め、真によき解決に向かって当事者たちの関係を調整していく力量と粘り強さを持たなければならない。現在の調停制度のもとでは、調停委員の活躍、力量に対する期待は極めて大きいのである。

この点に関しても、全力投球で臨んでいるつもりであるが、果たしてこのような大きな期待にどれだけ応えているであろうか。ともすると、性急になったり、法律的な観点のみに捉われ、これを重視しそうになる自分を押さえながら、よい調停委員であることも、法律家としてのつとめの一部であると心得て、調停に臨むことにしている。

三　家庭紛争の解決

▼家庭紛争の特色

家事事件は、主として親族間の人間関係をその対象としている。この人間関係は、断ちがたい間柄にある人の間の関係であり、しかも継続的なものであるから、一旦こじれ出すと、他人とのあるいは他人間の紛争に比べて、遙かに深刻なものになりがちである。また、そこでは、経済的な合理性をはじめとする合理的なものの考え方が、基準になるとは限らず、非合理的、感情的な要素が作用することも多い。このような紛争の解決には、法律に従って黒白をつけるというよりは、禍根を残さないよう先々のことまでよく考えて妥当な折合いをつけることが適している。

ところで、このような紛争が起きた場合、これを如何に解決するか、あるいは、このような紛争を如何にして予防・回避するかは、関係者の人生を大きく左右する。幸せにもすれば、不幸にもする。換言すれば、家事事件の処理が適切に行われるか否かが、関係者のその後の生活に与える影響は、測り知れないほど大きいといわなければならない。

このような特色を持つ家事事件に、法律家として関与する場合、法律的な素養が十分でなければならないのは当然のことでいうまでもないが、それに加えて、人生に対する知恵と実際的な知識が必要ではないだろうか。更にまた、本人の身になって考え、細心な配慮の下に、具体的で妥当な解決に向かって、努力を惜しまないことが不可欠ではないか、現在のところ、私はそんな風に考えている。

▼家事事件の意義を考える

このような考え方にたどりつくまでには、かなりの曲折があった。司法修習生のころには、女性は家事事件、という図式に、やみくもに反発して、家事事件はやるまいと決めていた。それが、ふとした機会に、弁護士として、相続や離婚等の事件を処理しなければならないことになり、手がけるに及んで、家事事件の重みを知り、さきの反発が理由のないものであったことを悟らされた。以来、他の事件と並べて家事事件をやるようになったが、今度はのめり込み過ぎて、気の変わりやすい当事者にふりまわされたり、容易に心を開いてもらえなくて気落ちしたりした。しかし、そのうちに、当事者の身になりながらも、間合いをおいて、冷静に考えてみることが大切であることがわかってきた。真に当事者のためによい解決に至るためには、厳しくあらねばならないときもあると悟った。暖かく接するとは、甘やかすことではないということは、この場合にも当てはまることであった。

家事事件は、細かくてその割には手がかかって引き合わないとか、当事者につき合うのが大変なのであって法律的にはやさしいとか、暇のある人に委せておけばよい、などという声を耳にして、憤慨のあまり、家事事件は他の事件に比べて特別困難なように言ったりしたこともあるし、家事事件も他の事件もまったく同じだという言い方をしたこともあった。しかし、今では、このような言い方は、舌足らずで正鵠を得ていないと思っている。家事事件に、その性質から来る特有のむずかしさがあるのと同様に、他の事件にもそれぞれのむずかしさがあるのであって、どちらがむずかしいといえるものではない、また、各々独自性を持ちながらも、いずれ劣らず意義があり、大切であるという意味では、家事事件も他の事件も同じである、というのが、現在の結論である。

▼解決に関与して

そうこうするうちに、調停委員等としての仕事も加わり、家事事件は、いつの間にか、私の仕事のうちのかなりの部分を占めるようになった。

今では、家事事件に携わることに大きな意味を見出し、よりよい処理の仕方を求めて励んでいるが、家事事件の処理の結果が、その人の人生に与える影響の深刻さを思うと、時々、責任の重大さにそらおそろしい気持ちにさえなることがある。道を歩いていても、夜中に目が覚めても、ふと事件について考えていたりする。

先日、ある調停事件が解決してお礼にみえた方が、「弁護士という仕事も、ラクな仕事ではありませんね。」といわれたが、全く気楽でない稼業である。気を抜くことができない厳しい仕事である。しかし、それでもこうして相変わらず家事事件をやっているのは、やり甲斐があり、張り合いのある仕事だからであり、また決してこの仕事が嫌いでないからであろう。

四　弁護士になるまで

▼何とかしなくては

家事事件に携わる弁護士としての日常について、あれこれ書いたが、今から二〇年近く前には、弁護士になってこのような毎日を過ごすことになろうとは思ってもみなかった。

そのころは、家事専業の主婦だった。仕事一途の夫と、小学生二人と幼児の世話に追い廻わされていた。子どもたちと一緒になって遊んだり、ピアノの稽古をさせに通ったりするのは楽しかった。PTAの仕事などもしていた。

しかし、そのうちに、子どもたちがだんだん大きくなり、少しずつ暇ができてくると、将来のことが気になり出した。あのころは、まだ「熟年」だの「長い午後」だのという言葉は使われていなかったが、少しずつ日本人の寿命が伸び始め、上手に年をとるには、などということがいわれ出していた。子どもたちは年と共に成長して、いつかは巣立っていくだろう、その時分私はどうなっているだろうか、と考えてみた。年をとっているだろうということは想像できたが、そのほかにはさっぱり具体的な見通しが立たなかった。夫も子どもたちも、それぞれに将来に向かって活気のある充実した生活を送っているのに、私一人が取り残されるような気がして、何とかしなくてはと、非常な焦りを感じた。

▼司法試験に注目

その揚句、司法試験を受けてみようということになったのだが、そう決心するまでにどれほどあれこれ考えたことか。今となっては詳しくは憶い出せないが、随分いろいろなことを思いついたり、調べてみたりしたが、思わしくなくて、がっかりした記憶がある。

戦後の混乱の中で、勉強らしい勉強もせずに女子大を出て、出版社に入って編集の仕事をし、結婚して、子どもができて、家事専業の主婦になった、という経歴では、にわかに、生涯続けられそうなやりがいのある仕事に就きたいといっても、無理な相談だった。

すぐには役に立たなくても、磨きをかければ、仕事として通用しそうなものはないかと点検してみたが、料理、裁縫、スポーツ、どれ一つとして、得意なものはなく、お話しにならなかった。学生時代専攻したことになっている歴史は、はじめから問題にもならなかった。中学、高校の教員免状はあったが、一度も教えたこともなく、おまけにすっかりさびついていた。勤めをやめてから、子育てに追われて退化することをおそれ、大学の講義録やら、フランス語やら、ペン習字やら、家にいてもできる通信教育を手当たり次第試みていたが、それらは一種の精神安定剤にはなっても、仕事のための実力としては何の役にも立たなかった。

結局のところ、新たに何か始めるより仕方がないという結論に達し、今から修得して末永く仕事にしていけそうなものはないかと、さんざん考えた末、年齢、性別、学歴などを問わず受験でき、万が一合格すれば、生涯続けていくに足りる仕事、という理由で、司法試験を受けてみようと思い立った。今から思うと、司法試験に逢着した背後には、出版社にいたころ、編集者として法律書の著者に何人かお目にかかっており、そのお話しの中から感銘を受けた経験が、潜在意識のうちに働いていたのかもしれない。

▼受験勉強のころ

受験を思い立ったものの、具体的な司法試験の様子は、受験雑誌などを通じて知る以外には、ほとんど知らないに等しかった。あとから考えると、だからこそ受験する気にもなったので、もし前もってもっと詳しい情報を得ていたら尻込みしていたのではないかと思う。それでも、この計画が、かなり無謀で、成算の少ないものであることぐらいはわかっていたので、黙って挑戦することにした。だめで元々とはいえ、やはり笑われたくなかったからである。

そこで、受験雑誌を頼りに、最短コースといわれる受験科目の選択にはじまって、勉強の計画を練り、必要な本を買い集めて精読する一方、通信による答案練習に参加した。家事を続けながらの勉強は、時間の捻出が容易でなく、子どもたちが学校や幼稚園に行っている間や、寝静まってから夫が帰宅するまでの細切れの時間をつなぎ合わせて、少しずつ勉強を進めた。学生時代には、食事の時間が来て勉強を中断されてもブツブツ言ったのに、などと思いながらも、寸暇を惜しんで、読んだり書いたり考えたりした。司法試験の勉強は、分量が多いから、このころは少しでも時間ができるとうれしくて早速勉強にとびついた。考えようによっては、時間に飢えていたから、かえってやり通せたのかもしれない。たいへんだったでしょうといわれるが、済んでしまうと、それほどおおごとだったような気はしない。仕事を持ちながら勉強している人に比べれば、時間の融通がつけやすかったと思う。それにしても、家事をできるだけ省いて勉強するという状態は、家族には迷惑だったろう。私が合格したとき、貴女もよくなったが、黙ってみていたご主人はもっと偉いといわれた。

▼本当にむずかしいこと

そのあと、二年間の司法修習を終えて、弁護士になってから、早いもので十数年になる。司法修習生になりたてのころは、周囲の人々が、難解な法律用語を駆使して、理屈っぽい議論をするのに驚き、啄木の歌ではないが、皆がひどく偉そうにみえた。そして、私のような勉強の仕方をしてきたのでは、どこかに大きな知識の欠落があるのではないか、とか、口を開けばたちまち言い負かされてしまうのではないか、などとひそかに気に病んだ。またもし、私が不出来だったら、女性はだめだ、若くないとだめだ、学校を出たてでないとだめだなどというハタ迷惑なことにもなりかねないことをおそれた。しかし、どうやらついていけそうなことがわかり、常に充電しながら、ほとんど皆勤して頑張った。

幸い、法律家にとって、年を重ね、社会的経験を積んでいることは、マイナスにならないどころか、心掛け次第ではむしろ強味に転化することもできる。私にとって、この途に進んだことは、よい選択だったと思う。人生は、いろいろな可能性に満ちている。司法試験は、男女を問わず、大学生にも、人生の半ばにある人にも、公平に門戸を開いている。試験を通れば、途は開けていく。法律家という仕事は、女性にとっても、実にやりがいのあるよい仕事だと思う。

とはいえ、本当にむずかしいのは、司法試験に合格することでも、いい成績をとることでもなく、その先、ことに実務についてからである。多くの方のおかげで、ここまで仕事を続けてくることができたが、これからも、日々気持ちを新たにして、よい女性法律家としての途を歩んで行きたい。

7　企業法務の実態
――会社顧問弁護士の役割を中心に――

若菜允子（弁護士）

昭和34年東京大学法学部卒業。昭和36年弁護士登録。労働省労働基準法研究会委員。『暮しの法律百科』、『女たちの民法問答』（共著）。

一　はじめに

企業の顧問弁護士としての活動は、弁護士業務の中で一つの大きな分野を占めている。わが国では大多数の企業が株式会社その他の法人組織によって成り立っているのでその存立自体が法律に依拠しているということができるし、また、企業の活動面も対内的対外的すべてにわたって契約等の法律的な関係によって支配されているから、企業活動も法律を抜きにしては成り立ち得ない。しかも、現在社会情勢の多様化に伴って、企業の組織・経営、そしてその活動に対しても公平の見地から多くの法的規制が加えられるようになったので、企業をめぐる法律関係はより複雑多岐なものとなってきている。従って、企業の顧問弁護士は、企業の存立および活動を支える重責を担う立場にあるだけに企業経営全般にわたる法律的知識はもとより広い視野に立った高い識見を求められている。そこで以下に企業の顧問弁護士としての私の体験に基づいて、企業をめぐる法律問題にはどのようなものがあるか、この法律問題に対して顧問弁護士がどのように対応し処理しているか、その実情の一端を紹介したいと思う。

二　企業における法律問題

まず企業をめぐる法律問題にはどのようなものがあるかについて、いくつかの分野にわけてみることにしよう。

▼会社の機関をめぐる問題

近年株式会社の運営をめぐってさまざまな問題が生じ社会的にも種々の影響を及ぼしているところから、株式会社の組織および経営について、その適正化をはかるため昭和五六年商法等の一部を改正する法律が成立し、昭和五七年一〇月一日から施行された。殊に、この改正によって、従来形骸化されていた株主総会はその運営の合理化がはかられ、かつ株主に対する会社の業務および会計についての開示の場としての性格が強化されたので、新しい制度のもとにおける株主総会をいかに準備し運営していくかということが目下株式会社にとって極めて重要な事柄となっている。

また同時に右の改正により取締役の責任の強化がはかられ、また監査役については、監査権限と地位の独立性の強化がはかられている。そこで、日常の業務の中でこの制度をいかに実効あらしめるかということも株式会社にとって重要な課題の一つとなった。

▼企業活動に関する問題

(1) 製品をめぐる問題

メーカーの場合は、その製造販売する商品自体に関してさまざまな法律問題が発生する。その一つは、特許権、実用新案権等の工業所有権をめぐる問題である。コンピューター、電気製品、化学製品をはじめ私たちの日常目にふれる商品だけをみても最近の技術革新には目をみはるものがある。企業競争力を強化する最善の手段として、メーカーは競って新しい技術や新しい製品の開発に全力を投入しているので、このような新しい技術・製品を独占的に保護している工業所有権制度はメーカーの営業活動の中で重要な意義を持っている。また、工業所有権制度に関連するものとして、ノウ・ハウの問題がある。ノウ・ハウとは、一応、産業上利用しうる秘密の技術的知識・経験およびその集積と定義されているが、その財産的価値を支えているのはその秘密性にある。そこで、企業の重要な無形資産である技術的ノウ・ハウの秘密を保持するためにどのような管理体制をとるかということが企業にとって重要な問題となってくる。また最近では外国から日本への技術導入契約のほか、日本から外国に対する技術輸出契約も多くなってきたが、この技術導入または輸出契約においては特許権のほかノウ・ハウを含むものがあり、ノウ・ハウ契約の場合にはその秘密保持義務に関連して特別の法律的措置を考慮する必要が生じている。

その二は、製品の品質に関する法律問題である。一定水準以上の機能を有することを競争市場参入への絶対条件としている取引の場合に、製品がその水準以下の機能しか有しないということで紛争になることがある。この品質保持の問題は契約目的の達成に対して決定的な影響を与えるだけに、専門的分野における種々の論争がたたかわされることが多くなってきている。

(2) 建設工事をめぐる問題

建設会社の場合には工事にたずさわる従業員の労働災害、工事をめぐってのいわゆる日照権、環境権問題、さらには騒音・振動・器物損壊等の民事・刑事にわたる事件が発生する。また工事の設計および施工をめぐる紛議もあるが、その場合には土木工学等の理論と技術をめぐってはげしい攻防がしばしば展開される。

(3) 商品の販売に関する問題

(i) 独占禁止法等をめぐる問題　自由主義経済のもとでは、企業間の自由競争を通じて経済規模を拡大することが原則とされている。しかし、競争は、企業規模の拡大をもたらすと共に企業間の隔差を生ぜしめ、また大企業が市場において形成された価格支配力をてこに利潤の維持拡大をはかるという現象をもたらし、その結果自由競争の原理が機能しなくなるという問題が生じてくる。

そこで、自由競争による秩序を維持するため企業間の競争制限的行為や不正競争行為を禁止する施策がとられる必要が生じ、そのための特別立法である独占禁止法、不正競争防止法が企業活動に対して重大な関係をもってくることになる。

例えば、メーカーや総発売元が、卸・小売業者に対して販売商品の再販売価格を指示し維持する行為すなわち再販売価格維持行為は原則として公正な競争を阻害するものとして独占禁止法の規制対象とされているが、メーカーや総発売元が再販売価格について推奨あるいは希望表明を行うだけの推奨価格制の場合にはその対象にはならないとされている。しかし、具体的な再販売価格が推奨価格なのか拘束価格なのかは、流通支配力との関連で判断されるので、企業としてはこの点をめぐっての法律問題に慎重な配慮をしている。

また商品の販売に関連して、商品が実際のもの以上に、また他のものよりも著しく優良であることを示したり、高額の景品を提供したりして顧客を誘引する行為は、自由競争に影響を与え、これを制限するおそれがあることから、「不当景品類及び不当表示防止法」によって規制されている。この不当表示防止法は鯨肉牛罐事件をきっかけに独占禁止法の不公正取引の一種である顧客の不当誘引行為を排除するために設けられた特例として昭和三七年に制定されたものであるが、アメリカ製でないジーパンにつけられた「ＵＳＡ」の表示など、いわゆる「うそつき表示」は、消費者保護の側面からも問題とされているので、企業として販売する商品やサービスの表示については細心の注意を払うことが要求されている。

(ii) 販売契約をめぐる問題　企業が行う商取引のうち商品の販売に関する契約は、企業活動の主要な部分を占めている。販売契約の内容は、企業の業種によってさまざまであるが、多くの場合大量な商品の販売を画一的に処理する必要があるため、基本的パターンが決められ、それに従って処理されているから、その業種・業態・取扱商品に合った基本的契約書の作成ということが必要となる。

継続的にメーカーの製造する商品を販売する特約店あるいは代理店とメーカーとの間には、継続的取引契約が結ばれているが、その基本となるのが特約店契約・代理店契約といわれるものである。これらの契約には、継続的取引関係を維持するための両者の密接な関係を反映した種々の規定がおかれているのが一般であるが、各企業ごとにその取扱商品や販売方法、特約店、代理店との相互関係等にそれぞれ特色があるので、その作成にあたってはそれらの事項が契約書の中に的確に取り決められるよう考慮しなければならない。またこの特約店契約等については、独占禁止法上の問題が生じることがあり、この点についても注意を払う必要がある。

また契約締結時における処置の適否が契約内容の実現に影響してくることがあるので、これにたずさわる社員に対し、平素から適切な法務教育を実施し契約事務に習熟させておくことが非常に重要である。

(iii) 債権の履行確保に関する問題　企業としては販売契約の締結にあたっては当然のことなが

らいかに債権の履行を確保するかということを慎重に考えなければならない。そのための手段方法は取引の種類によって異なるが、一般には抵当権等物的担保権の設定、保証人等の人的担保権の確保、所有権留保、保証金あるいは違約金の約定等といった方法がとられており、それらをめぐる法律問題も企業にとって重要な関心事となっている。

(iv)　債権回収に関する問題　　債権回収に関する法律問題は、企業にとっても、弁護士にとっても大きなウエイトを占めている。債権回収がうまくゆくかどうかは、当初の契約の仕方によって大きく左右される面があるが、それと同時に刻々変化する事態に対応していかにすばやく法的手段を駆使して回収をとげるか、尋常一様ではなく常に新しい困難な問題に直面するというのが現実である。

三　顧問弁護士の活動

企業における法律問題としては、以上のほかに、従業員の雇用をめぐる問題、企業内に発生した民事・刑事事件等の処理など多岐にわたるものであり、それは法律の全分野に及ぶといっても過言ではない。

そこで、企業の顧問弁護士がこれらの広範な法律問題に具体的にどのように関与しているかについて触れてみたいと思う。

▼紛争予防のための活動

企業の顧問弁護士の活動は、紛争の予防的機能と解決的機能の二つに大別することができる。紛争の予防的機能とは、文字通り紛争の発生を未然に予防することを目的とした活動であり、この種の弁護士の業務は、特に最近重要視され増加してきている。このような傾向は、一般に国民の権利意識が高まったということにもよるが、企業の側でも企業の社会的責任、健全な経営維持、企業の経済性の視点から紛争の予防について真摯に取り組む姿勢が顕著になった結果だと思われる。

そこで、最近では多くの企業が、企業に関する法律問題を専門的に取り扱う法務部あるいは法務課という部門を設けるようになってきている。

次の一文は、ある化学工業製品メーカーの法務課が発刊している「法務課だより」の冒頭に記載されたものの一部であるが、法務部門の役割を重視する企業の姿勢を知るうえでの一資料として、そのまま引用し参考に供したいと思う。

「当社に法務課ができてから二年になりました。欧米の企業には早くから企業内法務部門が定着していましたが、最近では日本でもその重要性を認識して、法務に関する専門部署を設立する企業が多くなってきました。

それでは企業内法務部門は、どうして必要なのでしょうか。皆さんご存知のように、高度成長時代を契機として日本は大きく変わりました。企業自体の国際化を含めた変貌や、社会環境の複雑化、市民の権利に対する意識の向上など、日本の企業環境が欧米の合理性を重んじる企業環境に似てきたのです。
『いちいち法律を気にしていたら仕事などできるものか』などと仕事熱心のあまりこのように考える人もいるようですが、もともと私達の仕事は社会が全体として公平にうまくゆくようにとの目的で定められた法律に基づいており、問題が起きた場合最終的には法律によって解決しなければなりません。こんな時法律知識に乏しいと知らないうちに法律に違反したり、当然得られるはずの利益を見のがし、または不当な損害を蒙ったりすることにもなります。

このような情況から、私たちは法律を遵守するとともに、これらの社会の変化に伴って新しく生ずる各種の法律にすばやく対応していかなければなりません。これが企業内法務部門を必要とする主な理由です。

当社の法務課は、他の多くの企業が独立部門として設置している特許部門を包含しているところが特徴ですが、その役割はおおむね次の通りです。

1　会社としていろいろな問題を起さないよう、あらかじめ策を講じておくこと（予防的機能）

2　現実に発生した問題に対処し、これを解決すること（臨床的機能）

3　特許その他の法的情報を必要部署に提供するとともに、これから生まれる新しい技術の権利化、ノウ・ハウの確立をはかり、かつそれらの情報に基づいて経営者が有効な経営戦略を樹立できるよう補佐すること（戦略的機能）」

という内容のものである。

そこで、次に顧問弁護士がどのように予防的機能を果たしているかについていくつかの例を紹介したいと思う。

(1) 各種取引に関する契約書の作成

企業では一般取引に関する契約書については、会社の法務部門においても作成するが、特殊な形態の取引、複雑な特約条項を含むもの、多数の当事者が関与する契約などは、その作成にあたって多角的に慎重な検討を必要とするので、顧問弁護士にその作成を依頼することが多い。このような契約書の作成にあたっては、弁護士は、まず取引の目的・実態、各関係当事者のそれぞれの立場を正確に把握し、契約の目的を達するためにはどのような法律構成をとるべきかを十分検討し、併せて将来その取引関係から生ずることが予想される種々の事態をも想定しそれに対応する予防措置を講ずるなどその契約の完全な履行を確保できるよう配慮している。

さらに、いかに適切な法律構成が選択され、それにふさわしい履行確保のための法律関係が形成されたとしても、それを契約書上に的確に文書化しなければ紛争を予防するための措置としては不十分であり、文章化を誤れば却って将来の紛争の火種となることもあるので、契約書の文言は一字一句もゆるがせにすることはできない。特にこの契約書が後日裁判等の場で重要な証拠としてとり上げられた場合、第三者がその契約内容をどのように解釈するかという問題も考慮しなければならない。それゆえ、契約書の文章化にあたっては、その文言、表現にも大変苦心するところである。

(2) 企業の意思決定に対する助言指導

予防法学的業務として次にあげられるものに、企業が意思決定をするにあたっての助言・指導ということがある。

その範囲は、日常の取引に関する種々の相談から会社の重要な意思決定に至るまで企業活動全般にわたっている。

この場合も、顧問弁護士は担当者から事実についての詳細な説明を受け、その意図するところを的確にとらえて、将来問題が生じないよう十分配慮して、具体的な助言指導をしている。

この助言指導は、顧問弁護士の業務のなかでも重要なものであるが、この業務を行うために弁護士は、常に各般の法律問題について研鑽を重ね、さらに国内はもとより国際的な経済・社会の動向等についてその知識を深め、さまざまな考え方や立場を広く理解したうえで将来を見通す判断力を身につけておくことを求められている。

(3)　法 務 研 修

さきに述べた法務部門の設置にみられるように、最近企業においては法律的判断の重要性ということを認識し、これを経営の基本におくようになり、社員に対する法務研修も盛んになってきている。

わが国の場合、企業内顧問弁護士をおく企業は未だ少数に止まっており、殆どが企業外にある弁護士との間に顧問契約を締結し、必要に応じて法律問題の処理を依頼するという形態がとられているので、その企業の法律的処理能力は法務担当社員の力に負うところが大である。そこで企業の法律的処理能力の向上のため社員に対する各種の法務研修が行われており、顧問弁護士もその企画実施に直接間接に関与し協力している。

その企業実施にあたって、弁護士は、研修対象社員の範囲、研修のレベルの位置づけ、効果的なプログラムの策定、テキストの作成、講師の選定等についても助言指導を与えている。要は、リーガルマインドの養成ということなのであるが、幅広く且つ実務に真に役立つものでなければならないという実戦的要請もあり、企画立案にあたってはその点に創意工夫をこらしている。

▼紛争解決のための活動

すでに述べてきたとおり、企業における法律問題は企業活動の全般にわたって発生してくるものであり、企業活動の拡大と共にその問題も多様化しており、特に最近は一般に権利意識も高まり企業の社会的責任も厳しく問われるようになってきたので、企業をめぐる紛争は、複雑多岐を極め同種事件であってもその置かれた状況によって必ずしも同様の解決を求め得ない場合があり、弁護士の苦心するところである。

(1) 交渉による紛争の解決

顧問弁護士はできるだけ早期に適切な法律的手段を講じることによって紛争の拡大を防止し、また交渉による解決によって企業の時間的経済的損失を最少限にとどめるよう努力している。例えば、手形債権の回収について考えてみると、当初は振出人より支払手形のジャンプを求められたり、第三者振出の手形の裏書譲渡などによる支払猶予の申入れがあったりして、それをめぐって連帯保証人の追加・担保の追加提供・債権譲渡などについての交渉が行われ、さらに手形の不渡・倒産ということに至れば、即時、債権保全の措置をとるなどその事態の推移に伴ってすみやかに適切な対応をする必要が生ずる。そのため私は、常に、企業の担当者に対し、とにかく取引が当初の契約内容通りに運ばなくなりその変更を要するという事態が発生したときには、事の大小を問わず、必ず弁護士に相談しその指導を受けて処理方針をたて早期に交渉による解決をはかるよう指導している。しかし、すでに利害が激しく対立している場合や専門的・技術的な判断を伴う事案においては訴訟等により公権的判断を求め、これを指針として解決をはかることが妥当な場合もある。

(2)　裁判による紛争の解決

裁判による紛争解決の実際については、私が企業の代理人として関与した訴訟事件によって、その一端を紹介したいと思う。

(a)　特許権に関する訴訟

これは、嫌気性接着剤に関する日米特許紛争として業界に広く知られた事件で、昭和四二年八月アメリカ法人である原告会社から日本法人である被告会社に対する仮処分申請がなされて以来約一二年間にわたって争われたものである。

この特許紛争は、被告会社がトリメチロール・プロパン・トリメタアクリレートを主成分とする嫌気性接着剤を開発し、昭和四〇年九月に「嫌気硬化性密封用組成物」に関する特許を出願したことに端を発したものであるが、原告会社は被告会社の製品が自己の有する「アクリル酸形エステルの重合に嫌気硬化特性を付与する方法」および「長い棚安定性を有する無空気硬化性密封剤」の特許を侵害するものと主張して、被告会社に対し被告会社の製品の製造販売の停止ならびに損害賠償を請求したものであった。

この特許訴訟の主たる争点は、(1)空気に接触しているときには液状を維持し空気しゃ断状態では硬化する嫌気性接着剤の主成分として使用されている単量体について、原告会社の使用するポリエチレン・グリコール、ジ・メタアクリレートと被告会社の使用するトリメチロール・プロパン・トリメタアクリレートが均等性を持つかどうか (2)空気接触時のゲル化防止剤としてベンゾキノンが被告会社製品に添加されているかどうか (3)重合促進剤として使用される第三級アミンと第一級アミンが均等性を有するかどうかの三点にあった。これらの争点に対しては、原・被告双方より鑑定の申請がなされ、二度にわたる鑑定が行われたが、その結果は被告会社の主張を裏付けるものであった。この間原告会社により被告会社製品に関する無効審判請求、審決取消訴訟がくり返されたが、最終的に原告会社が訴訟を全面的に取下げ、長期にわたったマラソン特許紛争に終止符がうたれた。

被告会社は、この間取引先に対し、被告会社製品が原告の特許権を侵害するものでないことについて保証書を差入れ企業の存立を賭けてたたかったが、裁判所の鑑定により事実上の勝訴に終わったものである。

(b) 工事の瑕疵に関する訴訟

この訴訟は、建設会社相互間で締結された土地売買契約につき、売買対象土地に対する造成工事に瑕疵があったことから生じた紛争である。

原告会社は、一般消費者に宅地として分譲するため、被告会社より大量の造成土地を買い受けたのであるが、この土地は、もと水田で、被告会社がある工法による土地改良工事を施工し、この改良工事の結果売買契約時にはすでに約八〇パーセントの圧密沈下が完了し、買主である原告会社が右土地に宅地造成工事を継続して施工しても差し支えないとのことで売買契約を締結したにもかかわらず、契約後一〇年余を経過しても沈下現象が続いているという事案である。原告会社は、その後原因調査を行ったところ、被告会社の施工した工事がずさんであったため軟弱地盤が破壊され、そのため被告会社の施工した土地改良工事の効果は喪失し、今後も長期にわたって地盤沈下が続き宅地分譲は不可能であることが判明した。そこで、原告会社は、被告会社に対し、当初の売買契約を解除すると共に損害賠償請求訴訟を提起した。これに対し被告会社は、地盤改良工事を施工したことおよび一般消費者に宅地を分譲するという目的で売買契約を締結したことは認めたが、工事の瑕疵に関する原告会社の主張については全面的に争っている。

この事件は現在係争中でまだ結論は出ていないが、被告会社の施工した地盤改良工法の設計・施工等をめぐって土木工学上の技術論が展開されている。

この事件にみられるように、弁護士としては訴訟遂行上、土木工学のような専門知識を十分修得しなければならないという事案に遭遇することがしばしばあり、そのような場合には優秀な専門家の協力を得られるかどうかが訴訟の勝敗を左右する重要な決め手となることが多い。

(c)　製品の性質・用法に関する訴訟

これは、ある化学製品を使用していた企業で、その製品の使用により従業員が後遺症を伴う疾病に罹患したとして、その従業員からその化学製品のメーカーおよびその化学製品を使用した企業を相手に損害賠償の訴えが提起されたという事案である。

この訴訟では、原告の発病当時の状況および現在の病状、化学製品の成分中に含まれているある溶剤が人体にいかなる影響を及ぼすかが主たる争点になっている。しかし、化学製品の人体に対する影響ということを判断するにあたっては、その化学製品の使用方法、使用場所の設備環境あるいは当該従業員の体質の特性、事故当時の健康状態などさまざまな要因をも総合して検討する必要がある。この事件も目下係争中であるが、被告会社としては事故当時の情況を再現して検証する一方、企業内の研究員をはじめ産業医学の専門家を動員して徹底した真相解明に当たった結果、化学製品と原告の疾病との間には因果関係がないとの結論に達し、その旨主張して抗争している。

(d)　製品の販売に関する訴訟

この事件は、アメリカ法人でコンピューター装置の製造販売をしている原告会社と、同社とコンピューター装置のOEM（相手先ブランドによる製造）販売契約を締結した日本法人である被告会社との間において争われた日米企業間の訴訟事件である。その主たる争点は、契約において約束された販売価格が実際の輸入台数によって変更されるものであるかどうかということで、販売価格の約定に関する解釈をめぐって争いが展開された。

被告会社は、輸入台数とは無関係に特定の販売価格が約定されたものであるから輸入台数によって価格の変更はないと主張し、その理由として、契約当時の日本におけるコンピューター市場はＩＢＭ社の圧倒的な支配下にあり、同社に対抗して新規に日本市場で被告会社が原告会社のコンピューター装置を販売するためには、その販売価格をＩＢＭ社の価格以下としなければならないという絶対的な制約があったので、これらの事情を前提にして原・被告会社は日本市場において販売展開の可能な価格を設定し、それを基礎に契約の販売価格を決定したのであるから、輸入台数の如何によって価格に変更を来たす旨の約定は存在し得ないと主張した。

これに対して、原告会社は契約締結に至る事情などは全く無視して契約書の定型化された約定を根拠に輸入台数に応じて価格を変更できると主張して譲らなかった。

この契約は、原告会社がアメリカ国内での販売のため一般に使用していた定型的な英文契約書を使用して締結されたため、特殊事情のある日本市場向け販売のための売買契約書としては適当なものではなかったことが争いを生ずる原因でもあった。

しかし、英文契約書の解釈適用の根拠をめぐってあくまで定型化された英文契約書の記載に依拠する原告会社と契約の締結に至った背景事情を考慮すべしと主張する被告会社との対立は、帰するところ日本人とアメリカ人との法意識の相異、国際取引における言語上の問題などに起因するものであって、今後ますます国際取引が拡大することを考えると、これらは日本企業として十分留意すべき点であろう。この事件は、裁判所の勧告により被告会社が原告会社の請求金額の二分の一を支払うということで和解が成立したが、この和解手続の過程で、被告会社の担当者が渡米して原告会社と接衝した際、被告会社の担当者より「当社は貴社からの請求金につき全く支払義務はないと考えているが、紛争解決金としてその一部を支払う用意はある」旨話したところ、原告会社は「支払義務がないのに何故一部支払うのか」と被告会社の申出を理解できない様子であったという報告を受け、あらためて国際間における紛争解決の困難さを痛感した。

四　おわりに

企業が利潤のみを追求するという時代はすでに過ぎ去り、今日では国内外の移りゆく情勢を敏感に受けとめ国際的な視野のもとで企業活動を展開してゆくという姿勢が望まれている。現在事あるごとに企業の社会的責任ということがさけばれているのも、その現れの一つだと思う。このような時代の趨勢に即応してゆくために、最近企業は法務部門の充実強化に力を注いでいる。従って各企業とも顧問弁護士に対し、紛争事件の処理にとどまらず、企業運営全般にわたって法律的な指導助言を求めるようになってきているので、企業の顧問弁護士の活動の場は、今後は飛躍的に拡大してゆくことが予想され、その責任はますます重大なものとなってゆくであろう。

ところで、企業の顧問弁護士が、このような活動を行うにあたっては、その企業の体質・内容を十分に把握していることが前提条件となる。そのためには企業と顧問弁護士との間において平素から十分に意思の疎通をはかる必要があるが、具体的にどのような方法でその意思の疎通をはかり実効あらしめるか、これが企業と顧問弁護士との双方に与えられた、これからの重要な課題だと思う。

8 無罪の判決を得るまで
――ある刑事事件の体験――

土肥幸代（弁護士）

昭和32年中央大学法学部卒業。昭和38年弁護士登録。目黒区法律相談担当、財団法人法律扶助協会嘱託、NHKラジオ法律相談を担当。現在、東京家裁調停委員、参与員。『家庭の法律相談』、『女たちの民法問答』（共著）。

一　私の日常生活

▼夫婦共同事務所をもって

昭和三八年に弁護士となってから、もう二〇年が経った。現在、私は、司法研修所同期の弁護士である夫と二人で法律事務所をもうけている。事務員を一人おくささやかな事務所である。

私は、司法研修所を卒業してすぐに、弁護士であった父の仕事を引継ぎ、一人で仕事をしていた。

父が老齢で寝たり起きたりの生活をしていたので、自然にそうなってしまった。

　司法研修所を卒業すると同時に結婚した夫は、弁護士となる人の大半がそうするように、先輩の法律事務所に勤務した。夫は、三年後に独立したので、それ以後は今日まで、夫婦共同事務所の形で仕事を続けている。

　夫婦共同事務所といっても、すべての事件を二人で共同して担当するわけではない。特に夫、あるいは私を頼って相談に来る人もあれば、夫婦共通の知人またはその紹介というつながりで、二人で事件の依頼を受ける場合もある。だから事件の配分は、ケースによってまちまちだが、おおむね、依頼者との結びつきの強い方が、その事件を担当することになってしまう。

　ただ、私と夫との間では、別個にやっている事件でも、裁判所や関係者に出す書面は、必ず、互いに原稿に目を通して推敲・添削し合う習慣が、いつの間にかできてしまっている。自分ではこれでよいと思っていても、違った目で読んでもらうことによって、思わぬミスが発見されたり、有益な示唆を与えられたりするので、この習慣は得るところが大きい。

　また、証人尋問の場合には、原則として二人で法廷へ出ることにしている。一人で尋問していると、うっかり聞きもらしたりすることもある。二人で出廷すると、一人が立って尋問をしている間、隣でメモをとってもらい、あとで足りない点を補充尋問することができるので、大変有り難い。それに、事件の内容を、互いに相談し、議論し合えることも、共同で仕事をしている利点である。

▼仕事のあれこれ

私の弁護士としての仕事の中心は、依頼された各事件につき、裁判所から指定された期日に、依頼者の代理人や弁護士として出廷し、訴訟活動を行うことである。しかし、一回の裁判期日を迎えるためには、事前の準備活動に、その何十倍もの労力と神経を費やさなければならない。関係者と会って事実を把握することから始まって、主張を裏付ける証拠の収集、整理をすること、訴状や答弁書、準備書面等の起案をすることなど、さまざまな準備がある。だから、事務所にいる時間のほとんどは、このような仕事に当てられている。

その外に、裁判ざたにならないで終わる相談ごとの処理という仕事もある。話を聞き、その場で、「こうしたらよいでしょう」と解決方針を示すだけで一件落着ということもあるが、相手との交渉に発展する場合もある。また、内容証明や、契約書、遺言などの文書を作成するのも大切な仕事で、事件の処理の仕方はいろいろだ。

時には、「息子が悪い嫁をもらってしまって……」というぐち話を聞き、身の上相談にのることもある。暗い話ばかり聞かされて、何てしんどい職業だろうと思うこともあるが、相談をする本人にとっては、これが〝一大事〟なのだ。弁護士は秘密を守ってくれるという信頼があればこそ、他人に言えないことを私の前で吐き出し、「さっぱりしました」と帰って行く。情にもろい私は、そんな時、話をききながら、つい、ほろりとしてしまうこともあり、「相談料を……」と言いそびれてしまって、「職業人として何と不覚な……」とあとで苦笑することもある。しかし、こういう話を聞くことも、勉強だと思えば苦にならない。他の事件を処理する糧になるからだ。それに、一つ一つ心をこめて処理をしていれば、その人が新しい事件を紹介してくれることもある。現在の手もち事件の大半は、このような形が積み重なって増えてきたものだ。どんな事件でも、おろそかにはできない。

その他、弁護士生活が長くなると、奉仕活動にさかれる時間が増える。私は、家庭裁判所の調停委員をつとめているので、そのために費やされる時間は馬鹿にならない。また、婦人団体や公共団体などから頼まれて、「婦人の地位」とか「身近な法律問題」についての講演をすることもある。これらの仕事は、費やす時間や準備に要する労力に比べて、その収入は驚く程少ない。よく、いわゆる有名人の講演に高額の謝礼が包まれるという話を耳にする。しかし、まだまだ日本の社会では、専門職のノウ・ハウに対する値段が安くみられているのが現実のようである。けれども、啓蒙活動に協力することも、弁護士としての職責の一つであると思うので、自分の勉強をするつもりで引き受けている。

▼家事とのきりかえ

このような仕事のくり返しが私の毎日である。事務所の執務時間は、一応、九時半から五時半までと決めている。仕事は、なるべくこの時間内に、事務所で片づけるようにしている。

夫が独立した前後は、自宅が都心の駅の近くだったので、自宅であるマンションの一室を事務所にしていた時期があった。主婦にとって、職住兼用は、仕事の合い間に、掃除、洗濯などの家事ができるので、極めて便利で、身体は楽であった。しかし、「夜、相談しに行きたい」という人の訪問をことわることができず、ついつい、四六時中、だらだらと事件の処理に追われる結果となり、精神衛生上は良くなかったように思う。

事務所を自宅と別にしても、執務時間を規則的に守ることはなかなか難かしい。「隣の人が、うちの地所まではみ出して建築の基礎のコンクリートを流し始めました」ととび込んで来られれば、夜遅くまでかかって、工事禁止の保全処分の申請書類を作らなければならない。また、相談が長びくこともある。しかし、そのような例外はどんな職業でも同じこと。通常は、夕方、事務所を出て、「今晩のおかずは何にしようかな」などと、買物をしながら帰宅する。子供がいないために、夫婦二人分の夕食の仕度は簡単だ。夫に仕事がなければ、分担して買物をしたり、私が洗った食器をふいてくれたり、ちょこちょこ手伝ってくれるので、有り難い。二人でゆっくり晩酌を楽しんで一日の疲れをいやす。自宅にいる間は、つとめて「弁護士」であることを忘れることにしている。

二　ある刑事事件を引き受けて

▼事件は日々に新たなり

私達夫婦の事務所で扱う事件は、一般の民事・刑事事件で、いわゆる街の市民事件がほとんどである。よろず相談所といったところか。

一つの職業に携わって二〇年といえば、ベテランの域に達してもよさそうなものなのに、私の場合、未だに相談を受ける都度、新しいことを経験するような緊張を感じてしまう。

考えてみれば、人と人とのもめごとを対象としているのだから、弁護士というのは、何年経っても、一つとして同じケースにぶつかることはない職業とも言えよう。離婚問題にしても、男性から「妻と別れて愛人と結婚したい」と相談されることもあれば、「意地でも離婚したくない」という妻からの依頼を受ける場合もある。しかも、その争いの態様は、当事者ごとに全部異なる。千差万別の性格をもった人達を相手にして、常に新たなケースに挑戦してゆかなければならないところに、弁護士としての仕事の難かしさ、面白さがあるのかも知れない。

それだけに、事件がうまく解決できたときの喜びと誇らしさは、弁護士ならではの充実感である。なかでも、忘れられない刑事事件がある。

それは、極めて平凡な窃盗の容疑で起訴されたMの事件であった。

▼受任のきっかけ

私がこの事件を引き受けたきっかけは、昭和四一年二月、突然「弁護を頼みたいので面会に来て欲しい」という、差出人「東京拘置所内、M」の葉書が舞いこんで来たことからであった。

稀に、見ず知らずの人からこのような依頼を受けることがあるが、弁護士は、原則として、紹介者がないと、事件を引き受けない。依頼者との信頼関係が保てなければ、充分な訴訟活動ができないからである。依頼者の側からも、弁護士に対して同様なことが言えよう。

Mは、終戦後の混乱期に、仲間と共に倉庫に盗みに押し入り刑に服したことがあるが、そのとき、Mの強盗事件の弁護をしたのが亡父であった。昔の縁を頼ってきたMを見捨てることもできないので、私は、ともかく会いに行ってみることにした。

当時、東京拘置所は、戦犯が処刑された場所として有名な巣鴨刑務所の中にあった。現在はとり毀されて、もとの小菅刑務所内に移転され、巣鴨の跡地には、池袋サンシャインの超高層ビルがそびえている。鉄格子をへだてた接見室で、Mは、「盗品を持っていたこと、その一部を売ったことはあるけれど、盗んだのは絶対に自分ではない」と言う。何故盗品を所持していたのか、Mの言い訳は、まるで雲をつかむような話ではあったが、私の質問に対する受け答えの態度から嘘を言っているとは思えなかった。詳しい打ち合わせは、捜査記録をみてからのことにして、私は、夫と共同でこの事件を引き受けることにし、看守を通じて、弁護人選任届にMの署名をさせた。

▼事件のあらまし

すぐに、検察庁で、検察官が証拠として提出を予定している捜査記録を閲覧した。

起訴状によると、窃盗の公訴事実は、

「被告人（M）は、昭和四〇年一二月二〇日午前四時頃、東京都中央区銀座〇丁目〇番地Cレストランにおいて、同店舗経営者所有の金貨二枚、銀貨二枚（時価合計約一四二万円相当）を窃取した」というものであった。

Mが犯人の嫌疑を受けたのは、盗まれてから僅か七時間後の二〇日の午前一一時頃、盗品のうちの金貨一枚を「女に頼まれた」といって知り合いの古物商に持ちこみ、三〇万円で売却したからであった。「三〇万円では自分の儲けがない」と言うMに、古物商は「高く転売できたらリベートをやる」と約束したので、翌日、Mが「どうなったか」と古物商に現われたところを、古物商の通報で待機していた警察官に逮捕されたという次第であった。

この金貨は、明治三年製の一〇円金貨で、時価は七〇万円くらいという、古銭マニア間では珍品とされているものであった。その上、逮捕されたとき、Mの車の運転席の床に敷いてあるゴムシートの下から、いっしょに盗まれた明治三年製の一円銀貨二枚（二万円相当）がでてきたことと、身分不相応な現金七万円を所持していたことが、Mの窃盗容疑を決定的にさせてしまっていた。

一方、犯罪現場の様子は、捜査をしたときの「実況見分調書」によると、盗まれた古銭は、他の古銭といっしょに額に入れ、店内の壁に飾ってあったという。賊は、その額のガラスを割って、中の四枚だけを盗んだもので、ガラスの破片が床に散乱していたが、他の古銭は盗まれずそのままの状態であった。店の支配人の話では、宿直していた従業員S女が、黒っぽいジャンパー風の上着を着た男の逃げる後姿を見ているということであった。

▼被告人の弁解

これに対するMの弁明は、次のようなものであった。

Mは、前の晩、車を運転して帰宅する途中、浅草でいっぱいやっているうちに酔ってしまったので、国際劇場横の路上に駐車して、中で眠ってしまった。つまり、犯行当時のアリバイの主張は、車中で仮眠していたということになる。

早朝、水商売風の三〇歳くらいの男が窓をコツコツと叩き「煙草の火を貸してくれ」というのに起こされ、雑談をしているうちに、男から「これを売ってくれないか」とくだんの金貨を見せられた。「こんな金貨が売れるの」と聞くと、「本当は五〇万円くらいするんだけど、急に金がいるので三〇万円でいい。今身分証明を持ってないので自分では売れないが、あんたなら免許証で売れるだろう。それ以上に売れたら差額をやる」というので、売ってやった。結局三〇万円にしかならなかったので、金は全部男に渡したが、「時間をつぶさせて悪かったな、これでも金になるよ」と言って銀貨二枚をくれた。男は、そのとき始めて会った人間で、名前も聞かずに別れたということであった。

▼事件内容の検討

捜査記録には、Mが駐車していたという付近の店と、前の晩酒を飲んだという店の「きき込み捜査報告書」や、店員の供述調書がぶ厚く綴じられていた。いずれも、Mのアリバイに関する供述がでたらめだという内容のものであった。

また、Mの妻や親戚、それに勤務先の関係者などの供述調書、Mの前科調書によって、生活状況が洗い出されていた。

Mは、私の父が弁護した強盗事件で懲役刑に服し、一〇年程前に刑務所を出所してからは、何の事件も起こしていなかった。その間結婚して、当時三歳になる子がおり、トラック運転手として真面目に会社に勤務していた。月給は二万八、〇〇〇円位で、妻の供述調書には、「生活はその日暮しでまとまった貯金はなく、夫が何故七万円の現金をもっていたかわかりません」と記載されていた。逮捕されたときに所持していた金につき、Mは、こっとう品に趣味があり、仏像などを売って儲けたヘソクリなので、妻に内しょにしていたと弁解していた。

それにしても、当時、三〇万円とは大金である。そんなに価値ある品物の売却を、見ず知らずの男から頼まれるなんていうことがあり得るだろうか。ひょっとすると、Mは、仲間をかばっているのではないだろうか。Mがかねてから古物商との間でこっとう品の売り買いをして儲けていたという事実は、逮捕時に所持していた現金の出どころの証拠とはなるが、同時に、古銭との結びつきに、何やらうさん臭さを感じさせる。

犯罪発生と接着した時間に盗品を所持している上、男の存在や、アリバイが証明できないとなると、Mの言い分の立証はかなり難かしくなりそうだ。

▼被告人との接見・打ち合わせ

私は、何度か巣鴨の拘置所を訪れ、あれこれ疑問点をぶつけては、Mと、捜査記録の内容を詳しく検討した。Mは、逮捕されたとき、黒い毛糸のセーターを着ていた。目撃者の「ジャンパー風」というのに一致する。だけど、Mは「銀座の高級レストランなんて、一度も入ったことがない」と言い切っていた。

金貨の売却については、男が小指をたてて「これのものだ」と言うので、いわくがありそうだとは思ったけど、まさか盗品とは気がつかなかったとのこと。「わかっていたら、知っている奴の所で売ったりしませんよ」と言う。それもそうだ。Mは、「男を捜してくれればわかる」と刑事に頼んだが、「名前もわからずにどうやって探すんだ」とどやされた。つながれてなければ自分であの辺に立って探したい、と口惜しがっていた。

謎の男を探すことは、日にちが経っている今となってはまず無理な相談というものだ。それに弁護士には、検察官のような強制力を伴う捜査権がない。刑事訴訟の手続は、当事者主義の原則により、検察官と弁護人とが対等の立場で攻撃・防禦をして真実の発見につとめることになっている。とは言うものの、捜査権もない弁護人の調査能力には限りがある。国家権力を背景とする検察官のそれには、とうてい及ぶべくもない。弁護士としての力の限界を感じるのは、このようなときだ。同じような無力感は、刑事事件に限らず、民事事件においても証拠を収集しようとするときに、しばしば味わうものである。

Mから取り調べの様子をきいているうちに、警察でバールとサンダルをみせられて「お前のか」ときかれたが、自分のものではなかったという話がでてきた。そんな事実は、閲覧した記録には全然出ていなかった。そういえば、高額窃盗であるのに、現場で指紋の捜査をした記録もない。犯人を直接目撃したS女の供述調書がないのもおかしい。捜査がずさんではないか。

Mと何回か打ち合わせているうち、この事件は、どうも前科のあるMを最初から犯人ときめつけるような取り調べがされているのではないかという疑問が強くなってきた。

▼現場の下見

そこで、公判にそなえて、私と夫は、被害を受けたCレストランへ、客のふりをして様子を見に行った。Cレストランの名前を知ってはいたが、豪華な店構えなので、私達も入るのは始めてだった。その店は、ランチでさえ当時一、〇〇〇円以上もしており、まわりの客は上品な人達ばかりで、とてもMのような貧しいトラックの運転手が入れるような雰囲気ではなかった。

問題の古銭を展示した額は、客の誰の目にもふれるような壁にかかっていた。その隣には、紙幣を入れた同じような額があり、中には現に流通している一万円札なども飾ってあった。

私達は、日頃食べつけない高価な料理をつつきながら、

「一万円札もあったのに、何故、選りに選って昔の金を四枚だけ盗ったんだろう。」

「古銭に興味がある人が盗んだのじゃないかしら。」

「売ればすぐ足がつくようなものを盗むかね。」

「だから、Mのような行きずりの人間に頼んで売らせたんじゃないかな。」

「店のなかが実況見分調書の図面とは大分違う感じだな。」などと、アガサ・クリスティの推理小説

に登場する夫婦探偵トミーとタペンスよろしく問題点を話し合った。

そして、高級店であるという証拠にするために、店のメニューをもらって帰った。

また、Mがアリバイを主張していた浅草の駐車現場にも行ってみた。ここでは、とりたてて新らしい発見はなかった。しかし、アリバイについてきき込み捜査がされた店と、駐車場所との位置関係を、自分の目で確かめ、その街の様子を頭にきざみこむことができた。

三 刑事公判廷での活動

▼公判廷での攻防戦

第一回の公判期日は、犯罪から約三ヵ月後の三月下旬に開かれた。検察官が起訴状を朗読したあと、裁判官の問に対し、Mははっきりと「盗んだことはない」と起訴事実を全面的に否認し、主任弁護人である夫は、「被告人は無罪である」と力強く主張した。

わが国の刑事裁判では、この段階で、裁判官の手もとには、起訴状だけしか提出されていない。裁判官は、被告人に対して有罪の予断を抱くことは許されず、白紙の立場で公判にのぞむしくみになっている。このあとは、検察官と弁護人の双方が、それぞれの主張を裏付ける証拠を出し、裁判官は証拠によって事実を判断していくわけだ。

私達弁護人側としては、Mのアリバイにしろ、「謎の男」にしろ、これを証明する証人もいなければ、物的証拠もない。捜査のずさんな点をつき、直接裁判官の目や耳で犯罪事実を解明してもらうよりほか途がなかった。そこで、検察官が証拠申請をした捜査記録に対しては、Mの言い分に反する供述調書を「不同意」として、これらを証拠として提出することに反対した。そして、私達は、まず、現場検証と、犯人を目撃したというS女を現場で証人として調べるよう申請した。

第二回公判からは、証拠調べが始まった。検察官側、弁護人側それぞれから申請された合計九名の証人が取り調べられ、現場検証が行われた。証拠調べのための公判は、月一回から二回の割合で開かれ、その年の一一月まで一〇回に達した。その中でも一番劇的であったのは、現場検証とS女の証人尋問であった。

▼現場検証での成果

S女の尋問は、現場検証の際、Cレストラン内で行われた。S女は、「ガチャンという物音で目がさめ、宿直室入口からのぞいたところ、男がさっと走って裏の窓からとび出してゆくのを見た」と言う。検察官の、「その男は、ここにいる被告人と比べてどうか」という質問に、「背かっこうは似ている」とのこと。しかし、意外にも「犯人の上着の色は茶っぽかった」という答が出てきた。あわてた検察官が、「盗まれた当時、〝黒い上着〟と言っていたのではないか」としつこく聞き直しても、S女は、「〝黒い上着〟なんて言った覚えはない」と言う。これは面白い。さては、実況見分調書に支配人の言として「黒い上着を着た犯人をS女がみた」と記載されていたのは、でっち上げか。

私は、反対尋問で「盗まれた直後の警察の現場捜査に立ち会ったか」と聞いてみた。S女の答は、「はい。刑事さんに今言ったとおり話しました」とのことであった。そして、続けて「そのとき、窓のところに犯人が落していったサンダルとバールがあった。これも警察に届けてある」という事実が証言された。これが、Mが警察で見せられたという犯人の遺留品であった。それにしても、犯人の手がかりとなる重要な証拠物を隠しておくなんてひどい。遺留品の捜査はやったのだろうか。

私達は、検察官に強く抗議した。検察官は、「警察からそんな報告は受けていない」と言っていたが、「調査の上、あれば証拠として出す」と約束した。現場検証は、裁判官に店の内部の状況や雰囲気を知ってもらえたという成果の外に、Mに有利な思わぬ事実がとび出してきて、大きな収穫があった。

▼新事実の発見

更に、検証終了後の打ち合わせで、Mが「犯人は走って窓からとび出したということだけど、あの頃、自分は足首を捻挫して医者にかかっていた。そんなことはできない状態だった」と言い出した。検証の際に見た窓は、床から一メートル位の腰高窓であった。捻挫が本当なら、確かにあの窓から早く逃げることは困難である。これはMにとって有利な証拠となる。早速、夫は、Mが通っていた病院の医師に会いに行った。Mの捻挫は真実であった。次の公判期日に、診断書を証拠として提出するとともに、医師の証人申請をし、採用された。

証人台に立った医師から、「盗難があった頃のMの足の状況は、びっこをひかずに歩ける程度には回復していた。しかし、走ったり、高い所からとび降りるのは無理な状態であった」という証言が得られた。ところが、犯人が現場に残した遺留品は、法廷にはいっこうに提出されなかった。私達は、公判の度に遺留品の提出を求めたが、検察官は、態度をあいまいにしてなかなか出そうとしなかった。そして、捜査を担当した警察官三人を次々と法廷に呼んで、Mのアリバイがないことを立証させようとしていた。

私達は、警察官への反対尋問で、バールとサンダルのことを追及した。その結果、バールは一般に市販されている品で、Mの車の備品ではなかったこと、サンダルはビニール製で、製造もとは大阪の会社であり、製品の出荷先は関西方面に限られていたこと、などの事実をひき出すことができた。そして、「Mのものかどうか調べたか」との弁護側の質問に対し、「浅草付近の履物屋を当たったが、このサンダルを扱った店はなかった。三日位しか履いてない真新しいもので、Mの勤務先も調べたが、Mとサンダルとの結びつきが見出せなかった」という事実も明らかになった。

結局、このようなやりとりを聞いていた裁判官の「遺留品を出したらどうですか」という〝鶴の一声〟で、検察官は、第八回の公判に至り、ようやく、遺留品と遺留品の捜査報告書を法廷に提出したのであった。

▼保釈に至るまで

話は変わるが、この事件は、Mが保釈されるまでにもひと悶着あって、苦労した。

Mは、この事件で会社をクビになり、妻子は収入が途絶え、家賃も払えなくなって、アパートをひき払い、Mの実家に身を寄せていた。Mは、私が最初に面会に行ったときから「生活を立て直さなければならないので早く出たい」と言っていた。一般に、実務では、起訴事実を争っていると、「証拠をいん滅するおそれがある」という理由を楯に、保釈を許したがらない傾向がある。そこで、私達は、検察官の手もち証拠に対する認否を済ませた第一回公判終了後に、保釈の申請をした。

保釈の保証金は、Mの兄弟が都合してくれた。妻は、今回のことで始めて夫の前科を知り、驚いていたが、何度も私達の事務所に足を運び、夫の保釈手続に懸命であった。Mは、妻や親戚から信頼されている様子で、兄夫婦がMの身許引受人をかって出て、就職先の面倒までみてくれた。

保釈の申請に対して検察官から反対の意見が表明されたので、私達は、裁判官に面会し、このような事情を詳しく説明した。裁判官は、三〇万円の保証金で保釈を許可してくれた。私は、翌日、Mの妻が持参した保証金を積み、「保釈許可決定書」を手にした。決定が出れば、すみやかに釈放される筈なので、私は、その旨を妻に連絡した。

ところが、夕方、大喜びで拘置所へ夫を迎えに行ったMの妻から、「いつまで待っても夫が出てこない」という涙声の電話がかかってきた。裁判官の保釈許可決定に対し、検察官が、高等裁判所に異議を申し立てる抗告の手続を取ったため、釈放命令がストップされてしまったのであった。

住所不定など、被告人に逃亡のおそれがある場合は別として、公判廷で証拠の認否手続が終われば、特別の事情がない限り、身柄を拘束しておく理由はない。Mの場合、まさか検察官からこのような抗告がされるなんて、全く予想もしていなかった。これでは、検察官が、事実を否認している被告人に対し、「〞悪うございました〟と頭を下げない奴は釈放してやらないぞ」と意地悪をしているとしか思えないではないか。私達は、早速、高等裁判所に抗告が不当である旨の上申書を提出し、一日も早く抗告を却下するよう求めた。裁判官に面会して事情を説明すること二回。一〇日後に、検察官の抗告を却下する決定が出され、Mは、やっと一〇〇日余ぶりに妻子のもとへ帰ることができた。

▼被告人は無罪!!

このようにして、すべての証拠調べが終了した。私と夫は、問題点をピックアップし、手分けして、Mが窃盗犯人でないことを裏付ける証拠を整理した。そして、三日三晩かかって、その主張を「弁論要旨」にまとめ上げた。そのうえで、この原稿をもとに、なお言い足りない点があるかどうか、Mと最後の打ち合わせを済ませた。

最終公判期日。検察官は、Mの有罪は証拠上明らかであると論告をして、「被告人を懲役一年六月に処するのが相当である」と求刑をした。私達は、七〇頁にもなった弁論要旨に基づき、Mの無罪を主張する弁論を二時間にわたってくりひろげた。

昭和四二年一月末、いよいよ判決言渡の日、Mは、法廷に入る前、私に一〇万円を差し出した。実刑になったときのために、保釈の保証金の追加分を用意してきたと言う。「歯ブラシとタオルを持ってきました」と手には風呂敷包みを下げていた。保釈されている被告人に、実刑の言渡しがあると、すぐその場で手錠をかけられ、拘引されてしまう。その場合は、直ちに控訴して、再び保釈の申請をしなければならない。私は、その心づもりをして、一〇万円を預かり、夫とともに法廷に入った。

判決の結果は、「被告人は、無罪。」であった。裁判官は、犯行現場の遺留品とMとが結びつかないことと、CレストランはMの如き一介のトラック運転手が気軽に出入りできない店であることを主な理由に、「Mを犯人と断定するには証拠が不充分である」として、私達の主張を全面的に認めてくれた。まさに〝疑わしきは被告人の利益に〟という刑事訴訟法の原則を絵に画いたような判決だった。

法廷を出たMは、「夢のようです」と、顔をほころばせた。私達は、「洗面道具が無駄になってしまったわね」と冗談を言いながら、しばし「やった!!」という満足感にひたった。あの時の感激は、今でも昨日のことのように、あざやかに甦ってくる。

▼控訴――無罪確定

事件は、その後、検察官が判決を不服として控訴したため、高等裁判所に移った。今度は、三人の裁判官による合議制で、再度の現場検証と、数人の証人調べが行われた。検察官からは、窃盗罪が無罪なら、贓物罪で処罰して欲しいとして、予備的に起訴事実を変更する新しい主張が出された。私達は、検察官の戦術変更に対し、「Mは金貨や銀貨が盗品であるとは知らなかった」と反論して、無罪の弁護を続けた。

約半年がかりの審理の結果、控訴審でも、検察側の主張はしりぞけられ、「控訴棄却」の判決が言い渡された。窃盗罪は勿論、賍物罪も成立せずというものであった。この判決に対し、検察側は上告をあきらめたため、やっと一審の無罪判決が確定した。Mは、事件発生から一年一〇ヵ月後に、ようやく晴天白日の身となることができたのである。ちなみに、無罪になって、Mが手にした国からの刑事補償金は、僅か一二万円余というささやかなものであった。

四　弁護士について思うこと

▼弁護士の生きがい

Mの無罪が確定してからのことであった。M夫婦が、男の子を抱いて私達の事務所へ訪ねて来た。「実は、命の恩人にこの子を見てもらいたいと思って……」と言う。びっくりしてその訳を尋ねると、第一審判決があった頃、Mの妻はこの子を身籠っていたのだそうだ。判決言渡しの日、Mは、妻に、自分が実刑になったときは、育てることができないから、子どもを中絶するようにと言い置いて家を出たとのことである。「この子は、あのとき無罪にならなかったら、この世に生まれない運命だったんですよ」と語るMの妻の顔は、保釈のときとは別人のようにさわやかであった。

思いがけないM夫婦の話に、私達は言葉もなく感動してしまった。判決をしたのは裁判官なのに、こんな形で感謝されるなんて、何という嬉しさであろう。弁護士冥利に尽きる幸せとはこのことだと思った。弁護士の仕事は、絵や彫刻のように、形となっては残らない。けれど、人の心の中に実を結ぶことができることを知らされたのである。

▼弁護士という職業

よく、何かにつけ、〝医者と弁護士〟という具合に、弁護士が高額所得者の筆頭に挙げられる。しかし、弁護士は、他人の苦労を背負い込む割に、世間が思うほど高収入が得られる職業ではない。だいたい、社会の落ちこぼれや、もめごとのあと始末をする仕事で、正当な報酬以外に儲けようとする方がおかしいと私は思う。

そのかわり、弁護士には、誰からも束縛されずに生きてゆける自由がある。事件処理に当たって、依頼者の意思に反することはできないが、依頼者が無理無法な主張をした場合、依頼者の要求と社会正義とのどちらを優先させるか、その選択は弁護士の良心にまかされている。私は、そのようなとき、依頼者に対して、法の正しいあり方を説得する。それを判ってくれない依頼者の事件は、断わることになっても仕方がない。たとえ、そのために仕事の数が減り、収入が少なくなったとしても、自己の良心に従って仕事をしたいと思う。私は、この精神的自由があることこそ、弁護士という職業の最大の魅力だと思っている。良心と収入の二律背反性は、自由業のもつ宿命とあきらめるほかはない。

だから、弁護士ほど、人それぞれの持ち味が出る職業は少ないのではあるまいか。

人は人、私は私なりに、町医者的弁護士として、その職責を全うすることができれば満足である。

9
問題児・素晴らしい活力の持主たち
——少年事件の経験から——

石川恵美子（弁護士）

昭和39年中央大学卒業。同38年司法試験合格。同48年弁護士登録。同51年より横浜家裁家事調停委員。同56年より日弁連少年法改正対策本部委員。横浜弁護士会で少年法改正対策、刑法改正対策、法律扶助各委員。

一　弁護士と非行少年とのかかわり

▼真夜中の電話

医師とちがって、弁護士は真夜中に急ぎの用事でたたき起こされることはめったにない。だが、その稀な電話の何本かは、以前私が扱った少年事件の少年本人か、その友人からのものである。

「もしもし、Aです。御無沙汰してます。二日前、バイクに乗ってたら、お巡りにとめられちゃって。友達の家に泊りにいって目が覚めたら友達が出かけた後だったから、友達のバイク借りて乗ってただけなのに、盗んだんじゃないかって言うんですよ。友達にきいてくれと言ったんだけど、まずいことに友達がどこに遊びにいったんだかわかんなくて。それにケツに一六歳の女の子乗っけてたんで、関係をしつこくきかれるしさ。そンでね、あした、あ、正確に言うと今日の午前中にまた事情ききたいって呼び出されちゃって、参ったよ。今、一生懸命友達のこと探しているんですよ。

どうですか、免許証もバッチシそろっているし、とめられた時間が午後一〇時四〇分ですから、補導ってことで終わらせてくれますよねえ」

ともかく事情をきいて用件をすませた後、私は叫ぶ。

「ねえ、私はまともに働いているから、夜はちゃんと寝て、朝は六時少し前に起き出して子供のお弁当を作らなくちゃならないの。バイクでたった今、人をはねちゃったというならともかく、そんなことで、人に電話でものをきく時間じゃないでしょ。

それに電話口からきこえてくる音から、今ゲームセンターか、スナックにいるらしいけど、一八歳未満の子は、午後十一時から午前四時まで、ふらついていると育成条例違反で保護されて、もっと余計なことまできかれることになるでしょ。これ以上面倒なことにならないうちに、さっさと家に帰りなさい」

非常識な電話をかけてくる奴に丁寧に応答する必要はないと、夫はむくれ、私も何となく腹の虫が納まらなくて、起き出して階下に行き、時はずれに洗濯機をまわしてみたりする。

真夜中の電話は、こんな風に、思いついたら相手の都合など全く斟酌しないで、自分のききたいことだけをきいて安心したい若い子からの一方的な連絡であることが多い。時には女の子からの涙声のこともあり、親に連絡すべきかどうか考えあぐね、昼間、法廷であくびを噛み殺すことになる。

▼非行少年は家庭裁判所へ

少年とは、二〇歳未満の者をいう。少年が刑事法に触れることをしたとき、また、諸般の事情から、将来罪を犯す虞《おそれ》のあるとき、少年達は、原則として家庭裁判所に集められる。少年は、自宅から親と一緒に家裁に出頭するときもあるし、警察に逮捕され、すぐにまたは一〇日間以上の勾留《こうりゅう》（不正確な説明であるが、わかりやすくいうと警察の留置場にいれられて取調べをうけること）期間をすごしたあと鑑別所に入って、そこから手錠付きで家裁に出頭することもある。

家庭裁判所は、この少年達をどう処分するかを決定する機関であり、それを決める手続とその最終処分を審判《しんぱん》と呼んでいる。この審判手続に、弁護士は、付添人《つきそいにん》と呼ばれる資格で、普通の場合、親から依頼されると参加できる。審判手続に立ち会えるのは、裁判官、書記官、調査官、少年本人、少年の保護者、付添人であり、傍聴は許されないで秘密が保たれるようになっており、検察官や警察官は一切関与できなくなっている。

▼鑑別所・調査官

鑑別所に入ったというだけで、もうその少年は〝完全なワル〟と思いこむ大人が多い。これは大変な誤解である。鑑別所は、少年の性格、資質、学力、情緒発達度、知能、健康状態（病気・妊娠・入れ墨の有無）等を専門の技官が科学的に観察し、検査し、鑑別結果を出すために収容する施設で、少年を現在の環境下に置いておくよりも、そこから一時的に切り離した方が良いと裁判官が判断した場合だけ、多くは三週間前後収容される。

家裁の調査官は、少年・保護者・関係人の行状、経歴、素質、家庭環境等を、主として心理学、社会学、教育学等の見地から調査する。

家庭裁判所は、この鑑別結果や調査報告を参考にして、少年や保護者の審判廷（審判を行う部屋のことで、普通の裁判所のように裁判官は法服を着て高い所に腰かけたりせず、普通の話し声できこえる位の狭さで、各裁判所で、机の形や配置など、和やかな雰囲気を出せるよう、少し工夫されている）での態度、応答ぶりなどを総合して、最終処分を決める。

▼憎まれっ子の涙

弁護士が少年事件の依頼を受け、少年と初めて会う所で一番多いのが、鑑別所であろう。依頼してくる親も、その少年が一体何をやったのかはっきりと知らない。警察や鑑別所にきいても、決して詳細を教えてくれないからだ。まず少年自身の口から、何をしたか、どこまで話してあるかを詳しく正確に知るのが仕事である。警察で厳しい取調べ（少年だから優しく取り扱ってくれると思ったら大間違い）を受け、孤立無援で打ちのめされた挙句、鑑別所に送られると、最初の三日間位は単独室に収容されてしまう。友達と連れ立って、夜間を活動時間帯にしていた少年にとって、規則正しく寝起きし、各種の検査や診断を受け、持久走等の運動をし、文章を書き綴らなければならない鑑別所の生活は、かなり苛酷なものと映るようである。

そこに付添人が現われると、少年は地獄に仏といった風で、涙をこぼし、早く出してほしいと懇願する。この時期に親と面接する少年は、それまで親に対して反抗的態度ばかり示し、涙はおろか、笑って歯を見せることすらしなかったのに、親子ともども泣いて言葉がないということもある。

▼初対面は真剣勝負

少年事件で困るのは、依頼されてから審判期日までにせいぜい一〇日前後しかないことである。そんな短期間に、少年の心を開かせ、その心を摑み、その子の行状、性格、素質、家庭環境を的確に把握し、少年と保護者や友人に対し、少年がより良い方向へ伸びてゆけるよう働きかけ、指示し、事実調査をし、あるいは被害者と示談したり、少年の荷物を寄宿先から引き揚げて環境調整をはかったりして、その少年のごく近い将来について見通しをつけ、狙い通りの路線を敷いておかなくてはならないのだ。

ところが目の前の少年は、大人は敵か、あるいは不満や不信感をたたきつける対象と考えているから、肝腎な点において甚だ非協力的である。持ち時間の少ない弁護士にとっては、初めての面接は何としてもその少年の本質を見抜かなくてはならない重要なものであり、その少年に対するアフタケアがうまくいくかどうかも、私はひとえに少年との最初の出合いにかかっていると思う。

付添人は、少年の親の職業、地位、学歴、少年自身の行状、学業成績、外見、態度にこだわらず、あるがままの彼自身をそのまま受けとめて、彼の気持を一度大きく波立たせ、捜査機関や鑑別所、調査官の事情聴取でたまって沈んでいるものをできるだけたくさん吐き出させなければならない。緊張と防禦本能で全身を針ねずみのようにしている彼には、もう私を受け入れる余地などないからだ。

付添人の役割は、単に審判廷における、実際にお金を支払ってくれる親向けの、より軽い処分獲得をめざした、立板に水の意見陳述業であると割り切れるならば、そんなに気を使わなくてもよい。しかし、成人の刑事被告人とちがって、私を弁護士という職業人でなく、一人の大人として、時たまチラッとこちらの本心を読みとろうとする表情を見せる彼らを見ると、私も、彼らの胸の内をのぞきこみたいと願ってしまう。私も彼らも初対面は真剣勝負なのである。

▼家裁の結論——保護処分

審判手続終了に際し、裁判官は、「審判不開始」、「不処分」（何も特別に処分しないということで、少年はそのまま帰宅できる）、「保護観察」（帰宅できるが、ある期間、保護司の指示に従わなくてはならない）、「教護院又は少年院送致」、「検察官に逆送」（少年だが、普通の刑事裁判を受けること）、のいずれかを言い渡す。

Bは、教護院、初等・中等少年院経験者であるが、少年院だけは行きたくないと言う。その理由は、一つには少年院の生活の厳しさと、他の一つは、少年院には各地からの非行少年が集められるので、その中で娑婆より厳しい仲間関係ができて、その付き合いに神経を使い、退院後も何人かの仲間とは付き合わざるをえない。もしまともになろうとするなら、少年院時代の友達と手を切らなくてはならないが、それは仲間を裏切ることで、チクル（密告する）ことと同じくらい軽蔑されるから、自分にはそれはできない。それでも本当に立ち直ろうと思うならば、少年院では互いに住所や電話番号を教えあっているから、仲間が尋ねてこられない遠くに引越すよりほかはない。どっちにしても〝カッタルイ〟ことであるから、少年院だけはもう行かないように目立った行動はしないと言う。

▼少年院で学んだもの

Ｂの特徴は、口約束は実に素直にハイハイと応じるが、何ひとつ実行せず、嘘を指摘すると弁解をまじえながらあっさりと謝り、誓約書などみごとに書き上げてみせるが、決して真直ぐに人の目を見ようとしないで、口先でごまかし通そうとする。そして裏では女の子に貢がせ、女の子が素直じゃないと言っては全治一、二週間ほどの打撲傷を負わせたり、煙草の火を数分間一ヵ所に押しつけるといった陰湿な仕打ちをしながら、巧みにその傷が治るまで親元に帰さず、一緒に転々と泊り歩き証拠いん滅をはかってから、ぬけぬけと痴話げんかしたんで慰め合っていましたと申し立てるなど、表面だけとりつくろって服従の態度を示せばよいという生き方を、教護院や少年院で、しっかり学んだようである。

人に対する思いやりとか、自我の確立などを身につけられない今日の少年院処遇の実態を体現しているBをみるにつけ、彼にとっては、権威者には卑屈に服従してみせ、心の中には不満をうっ積させるにすぎなかった、本来ならば思い出深いはずの十代の四年余りの貴重な時間の無駄使いを、国にとっては、一人の少年に何人かの職員を投入し、ただ飯をくわせながら、彼の精神を入院するときより純化し鍛えないまま送り出してしまった人的・物的損失を、つくづく惜しいと思う。

▼付添人の仕事の目的

非行少年に関する法の中心となるのが少年法である。少年法は、少年を処罰するのでなく、非行少年に対して、性格の矯正と生育環境を調えてやれるような手だてを講じることによってその少年が健やかに成長することを期待している。

成人に対する刑罰は、沿革的にも因果応報の思想が色濃くあり、過去の一時点における犯した罪の償いをするということで、人は刑務所に入ることを納得している。

ところが、少年はまだ人格形成途上にある未成熟者であり、少年期の社会からのはみだし行為である非行は一過性であることが多いことから、その非行の軽重、社会的影響といった、少年の過去の行為の結果だけに着目して少年を罰するのでなく、非行の動機、その背景にある生育環境、家族や交友関係、性格、資質・健康状態等さまざまな角度から調べ、将来どうしたらその少年が再び非行に走ることなく社会に適応していけるかを総合的にみて、現時点におけるその少年にとって最良の方法を考えるのが、裁判所と付添人の仕事である。そして、家裁からその執行を任せられた保護司、教護院、少年院も、あくまで教育的、福祉的観点から少年を扱っていかなくてはならない。

少年にとって、家裁の審判は一連の非行の一つのしめくくりであって、少年は審判廷を出ると同時に、新たな人生のスタートを切ることになる。そして付添人の仕事は、そこで一応終止符を打つ。

二　少年のかかえている問題

▼付添人でなくなってから始まる仕事

親も学校もてこずった子が、家裁の審判でお灸をすえられたくらいで、すぐにこれまでの生き方を転換できるものではない。裁判官に権威的になれというつもりはないが、忙しいせいか、せかせかと審判廷に入ってきて、まともに少年の顔を見ず、少年記録の頁を繰りつつ質問して、「まあ、反省しているようだし、今回に限り何も処分しません」と事務的に告げる審判に立ち会うと、少年の胸に響かなかったなあと淋しくなってしまう。

人間が何かに向って新たに踏み出すには強い意志が必要である。そして決意を促すには、精神に対する強い衝撃が加えられなければならず、その衝撃を克服するには激しい葛藤状態を経なければ、再出発などできるものではない。

それなのに、非行少年は、警察から家裁の門を出るまでの全過程の中で、魂をゆすぶられるようなことがあるだろうか。彼らは、これまでも情緒性や克己心を伸ばしてもらえる機会に恵まれなかったし、人間そのものに感動を覚えることもなかったから、生の事実の中に自分が置かれているのに、興味がなかったり、自分が不利ならば、もう少しましな場面に出くわすのではないかと、あたかもテレビのチャンネルを切り換えるように、さっさと現実に背を向けようとする。そんなとき、遊び仲間から誘いがかかれば、前後の見境もなく飛び出していってしまう。

たいてい、親も教師も友人も、その少年に親身になって忠告してやらないから、次第に少年は、家裁に行ったのは運が悪かったが、少年院に送られなかったのは幸運であったと考えるようになり、元の木阿弥となる。

非行少年と親との関係は、概して稀薄か、ベタベタしている。偶然に家庭の中の他人の目には触れさせない部分を仕事柄知ってしまった弁護士は、普通ならばそのすべてを、完結記録と共に保管庫にしまいこんでしまうのであるが、とくに、不処分や保護観察になった少年に対しては、私は「さようなら」とは言えない。

少年事件における弁護士の仕事は、審判手続の中での付添人活動のほかに、審判後、彼らが成人に達するまであるいはこれで独り立ちできると思えるまで、彼らに手を貸してやるのが、たまたま彼の人生のピンチに出くわした者として、そして少年より余分に生きている者としての役目ではないかと考える。

▼車・免許

Cは高校一年で中退し、シンナー吸引、窃盗、暴行で何回も警察に呼び出されたが、幸いなことに非常に甘いが母親との関係が良かったので、補導委託先での試験観察の後、辛うじて不処分となり社会復帰できた。だが再び仲間と車上荒し等をして、事件発生後一〇ヵ月たってから別件逮捕され、勾留中に二〇歳に達して刑事被告人として起訴され、執行猶予判決を受けた。Cは自由の身になると間もなく、免許をとるから自動車学校に行く費用をくれと母親を責め立て、母親からこれ以上車の免許をとったら何をしでかすかしれないからやめさせるようCを説得してほしいと頼まれた。

私は、Cの荒れた生活態度から車の免許をとったら事故を起こすことは目に見えているから、まず働いてまともな人間になったことを行動で示すこと、自動車学校の費用は自分で稼ぐこと、そうすれば免許をとることに反対しないと言った。

Cは就職したが、短いと一日とか三日、長くても三ヵ月くらいで転々と職を変え、手始めに五〇ccの原付自転車の免許をとって乗りまわし始めた。制限速度違反、信号無視、通行区分違反、酒気帯び運転を重ね、ひっきりなしに反則金を支払い免許停止をくった。

私はハラハラしながら、執行猶予期間が残り二年六ヵ月とか、やっと半分まで無事執行猶予期間経過おめでとう、とか記した手紙を時々書き送った。あるとき彼の母親から「先生から、たまには手紙で近況報告を書けといわれたというんで、便箋を買ってきてやったんですが、きのうの夜から一晩かかって便箋一冊ダメにしても書けないと、部屋中書きそんじの手紙を投げつけて、今怒り出して手がつけられないんです。すみませんが、口で話すだけにしてほしいのですが」と、どこかピントはずれの電話がかかった。確かに受話器から、Cの怒声と、家中ガタガタさせて暴れまわる音がきこえてくる。私は「どんな字だろうが自分の文章で私に手紙を書いてくれることを楽しみにしているとCに伝えて下さい。彼が、お母さんを通じてでなく、自分でダイヤルをまわして私に話してくれるならそれでもいいです。お母さんはCを放って、お勤めに出て下さい」と言って電話を切った。

結局Cは教習所の教官と大げんかしたりしたが、ついに普通免許をとった。

車の免許をとり実際に運転するメリットは、車は自分一人の判断と責任で動かさなくてはならず、勝手な運転やルール違反をすると、ブーブー警笛を鳴らされ、下手すれば行政罰の他に、刑事・民事の責任を背負いこむことになるので、相手の立場を考えること、臨機応変に対処できるための適切な判断力と決断力を養えることにある。ただ人命損傷という危険性については、現在よりも、免許取得方法、反則に対する制裁の厳格化、精度の高い適性検査の実施、保険制度の充実等の方策を至急考えなくてはならない。

▼信用するのも命がけ

ある日Cが会社の車でそちらに行く用事があるから、昔お世話になった方の所へ一緒に行ってほしいと電話してきた。剃刀のペンダントをつけ、日焼けしたCは「執行猶予期間がもうすぐ切れるから、がんばってます」と殊勝である。私は「今、持点いくつ」ときくと「それが二点しかないから慎重ですよ」と恐ろしいことを言う。さて、私は車に乗る段になりギョッとした。確かに家具会社の車で来るはずであったのに、目の前にとまったのは、白いボディの両サイドに赤と緑の模様が入り、車のトランクにものものしい出っぱりがついて、幅広いタイヤが車体からはみ出して、何となく地面に這いつくばった形で、どう見ても暴走族愛用車といったおもむきなのである。どうぞと助手席の扉をあけられて、床にオレンジ色のじゅうたんが敷かれスリッパがそろえてあって私は息を呑んだ。それでも平静を装い坐ったものの、赤信号で停止する度にキィーッ、発進の都度ドドッと派手な音がするため、歩道を歩いている人がこちらを注目するには参ってしまった。ところが彼はと見ると、ほとんど右手の人差指と中指だけでハンドル操作をしているのだ。「ね、普通の人みたいに両手でハンドルを握ってくれない」と私は彼を刺激しないように頼みこんだ。「車っていうのはね、指一本で運転できるようになってンですよ。一本道だし結構車がつまってるから飛ばせないから大丈夫です。でも先生は俺を信用してくれたんですね。かあちゃんなんか、いくら俺がやっと月賦で車買っていろいろなおして格好よくしたから試乗しないかって言っても、お前と心中したくないって断わるンですよ」と笑っている。

私はこの車のデモンストレイションに狩り出されたとわかったが途中下車もできず、たった一〇キロくらいの道のりを、それとなく両足を踏んばり、いつ急停車しても両手で体を支えられるようにしながら、必死な思いでフロントガラスにぶらさがっている交通安全のお守りをみつめていた。

▼入れ墨

かつて久里浜少年院を見学したとき、屋外プールで泳いでいる少年達の約半数が、立派な入れ墨をしているのを見て驚いたことがあったが、近頃は、非行少年ときめつけられない子でも、いたずらして入れ墨をしてみる。顔や腕、指、太ももなど、急に青黒いほくろができたなと思ったとき、あるいは、いつも同じ場所にバンドエイドを貼りつけていたら要注意である。

Dは、飯場生活をしている間、左右の二の腕と乳より上の胸全体に、本職の彫物師でない人に、竜を彫ってもらった。ところが怪我して働けなくなり、労災保険金を二〇〇万円ばかり持って自宅に戻った。鳶や土方仕事が無理なので、店員の仕事についても、着替えや慰安旅行のとき入れ墨がばれるとすぐに馘になったり、疎外されたりして職場になじめず、とうとうノイローゼ気味となり、自宅に閉じこもりきりになってしまい、母親からどうしたものかと相談を受けた。

知り合いの形成外科医に問い合わせてみると、入れ墨をとるのは病気でないから一切保険はきかないこと、一〇センチ四方の範囲で切除手術代が二〇万円位、それに皮膚の移植手術代と部屋代も加算されること、プロの彫物師なら墨の深さが一定しているのできれいに治るが、素人がやったのは深さがまちまちなので深くえぐり取らねばならず、余りきれいに仕上がらないということであった。

Dは堅気になりたいからと手術を受けた。私は、Dがシンナー常習者であったこと、覚せい剤も経験したこと、鎮痛剤常用者でもあったこと、かっとなり易いが小心であることを伝え、くれぐれもその扱いに注意してほしい旨病院に頼んだ。広範囲の入れ墨の場合、何回かに分けて少しずつ切除するのが普通なのだが、入れ墨をした威勢のいい男に限って、手術後の激痛に耐えかね、ちょっと削り取ったまま荷物を放置して遁走する輩が多いからと、Dの何としても入れ墨をとって立ち直りたいという願望を真正面から受けとめて下さった病院側は、七人の医師を投入して、半日がかりで一度に入れ墨を削りとったのである。彼はそれから三ヵ月間ばかり身動きできず付添婦つきで入院し、そのあと一年間ほど通院しなければならなかった。労災保険金はそっくり医療費に消え、足が出た。私はDも医師も知っていたから、その一年半ばかりは実に辛かった。ただ一つの救いはDが、「高い入れ墨をやりましたよ。自分の馬鹿さがいやになりました」と言ってくれたことである。

▼前歴——若気のあやまち

少年時代、警察に捕まって、家裁で不処分とか、保護観察とか少年院送りとなっても、前科者ではない。しかし警察の厄介になった前歴者である。一般の人が被告人になる蓋然性の高い、交通事故を起こし人を殺傷して起訴される、いわゆる道交法違反並びに業務上過失致死傷事件の裁判中、傍聴席で裁判の進行を注視している妻や親族の前で、検察官が前歴カードを証拠調べ請求し、その内容を読み上げたり、あるいは論告の情状論で引用したりして、ひょんなことから、夫が非行少年であったことがばれて、夫婦仲や兄弟仲が気まずくなってしまうことがある。

大人になって、こんなしっぺ返しをくらうことなど、当の非行少年は想像だにしないに違いない。だが、人間は何がきっかけで、まじめ社員となり、あるいは高い社会的地位を得るかわからないので、配偶者や友人に〝若気のあやまち〟を話しそびれてしまうかもしれないのだ。やはり、警察や家裁のお世話にならない程度の範囲で、若いときは破目をはずすべきなのであろう。

▼つっぱりのツケ

E子は中学時代、髪を染め、眉を糸のように細く剃り、くるぶし丈のスカート、かかとをつぶした靴、ペチャンコの通学鞄といったスタイルの番長格の子であった。しかし幸いなことに、外見ではなく、生徒の本質を見抜いてがっちりと首根っ子を押さえこんでくれる担任教師に恵まれたために、一度も警察に逮捕されたり事情聴取をうけることなく、無事に卒業し、私立高校に入学した。

あるとき、その中学の在校生が数人家出して、離れた地域のこれまた家出中学生と一緒にいるところを、家出、不純異性交遊ということで補導された。

現在の警察の少年係は、少年に対する補導と並行して、補導された非行事実以外の、仲間の少年達の情報収集活動に積極的である。現実に見たことがないから真偽のほどは不明であるが、地区によっては、学校毎に番長グループの交友図があり、卒業生まで書きこまれていて、暴力団の組織系統図と同じようなものができているともきいている。

案の定、家出や不純異性交遊だけでは、そう時間をとる必要もないのに、遠隔地の警察では、学校内の友達や卒業生のことで知っていることはないかとしつこく取り調べ、根負けした一人の子から、E子の母校の中学で売春の噂をきいたという話を引き出した。そして売春していたのは誰か、名前を知らないなら誰と思うかと何回も尋ね、そこで他校にもかつて名前をとどろかせていたE子の名前があがった。その少年係は地元の警察をさしおき、E子の母校を訪れ、家出事件で中学生から事情聴取したいと学校に申し入れ、学校側はあっさりと警察官二名を校内に入れ、その一室を取調室に提供した。そこで少年係は立会いの教師に席を外してくれと要求し、少年係と中学生だけになった所で、E子の売春について質問した。

E子の売春容疑で所轄外の警察官が中学校に調べにきたということは直ちにE子の耳に入り、E子は売春なんて汚いことはやっていないと怒り、そんな噂が中学から今の高校まで流れてきたら、即刻退学になる、昔はつっぱっていたけど今はもう馬鹿らしくてごく普通の女の子なのだから、警察に対して何とか手を打ってほしいと依頼された。

私はE子を観察した。中学時代の担任教師、母親とも話し、E子の話に嘘はないと確信したので、四人で警察を訪れ、補導事件と無関係なそれも噂話で、中学校の中で在校生を、中学側の立会いを巧みに排除した上で取り調べることはやめてほしいこと、売春容疑ならば当然、売春の相手である男の事情聴取をすませているだろうからその名前を明らかにせよ、E子は売春したことはないと言っているから、私の立会いの下で、いつ、どこで、誰と、いくらで売春したかE子を取り調べよと要求した。

結局、噂話はやはり噂にすぎず目撃者がいないこと、従って売春の相手方の裏付けもないこと、E子が中学生の頃、小遣銭を余計にもっているのを見た子がおり、それは売春して稼いだ金ではないかと推測したことが判明し、E子の売春容疑は消え、捜査を打ち切ると約束させた。

▼今、起こりつつあること

Ｅ子の事件は、少年事件の問題点をいろいろ含んでいる。補導に名を借りた違法捜査の疑い、警察は何の目的で少年から情報収集をするのか、現在まじめにやっていることに目をそらし、過去の事件をむし返そうと何故するのか、Ｅ子がもし、売春容疑で捜査されたことがあることが原因で退学となったときどうするつもりなのか、中学校は、警察官を、人の生死に関する緊急事態が発生してもいないのにあっさり構内に入れ、その上取調べ室まで提供することに抵抗感がないのか、等々。

今、刑法をもっと厳罰化しようという動きがあるが、それと呼応して、少年法を改正して、検察官や警察の権限を強化しようとする動きもある。非行少年の激増という社会現象の根本原因に対するあらゆる角度からの議論、調査、研究を積極的になさずに、非行少年に対して威嚇で臨むことは甚だ短絡的であろう。

イソップの北風と太陽という話のように、人間は心から納得したとき初めて自分の意志で行動するし、行動できる力があることを忘れてはならないと思う。

三　おわりに

少年達とかかわりをもって私が確信したことは、成長期の人間は、半年、一年、二年、三年と、会う度に驚く程の変貌をとげる底知れぬエネルギーをもっていることである。

私も、変身の真最中の長女と、その時期に突入しつつある長男がいる。自分もそんな過程を経たことは全く気づかなかったから、毛虫が蝶になるような不思議な力を秘めている子供達を半分は楽しみ、半分は共に悪戦苦闘して、大人に脱皮していく、すさまじい嵐の季節の通り過ぎるのを待とうと思う。

10

働く人たちとともに

——労働・公害事件の体験——

大脇雅子（弁護士）

昭和32年名古屋大学法学部卒業。35年まで同法学部助手。昭和37年弁護士登録（名古屋）。日弁連女性の権利に関する委員会委員。日本労働法学会所属。名古屋大学非常勤講師（社会保障法）。著書『働いて生きる』（学陽書房）。

一　労働法との出会い

▼旅立ち

高校時代、文学や演劇に夢中になっていた私は、大学は文学部に進むものと決めていた。ところが当時教師をしていた父は、プロフェッショナルとして自立する確実な道を選択しないかぎり、四年制大学への進学は意味がないと言う。考えあぐねたすえ、法学部に進み弁護士になると宣言し、気軽なことに、法学部を卒業すればそのまま弁護士になれると信じこんで、司法試験という非情な受験勉強が待ち受けているとは考えてもみなかった。

法学部に入学したとき、高校の国語の先生から、「ホウガクブ？　琴をやるのですか、三味線をやるのですか」と言われた。音楽の邦楽部と間違われたのである。

法学部に入ったものの、そのまま演劇活動にのめり込み、社研にも顔を出したりして、その頃の私は、生意気な、といって活動に身をもちくずすこともない生煮えの学生だったように思う。二年たって、父から、演劇ばかりやっているなら大学をやめて東京の演劇研究所に行けと、水をあびせられた。自分の芸術的感覚にも見切りがつきかけていたこともあって、やはり法律を勉強しようと決心した。

当時は、学生は、学業よりは活動を、ヴィ・ナロード！　という時代で、司法試験にとり組むのは立身出世主義の輩と、活動仲間から批判され、悩んでいるうちに、今でいう心身症みたいになってしまった。どうしても立身出世だけで弁護士になろうとしているとは思えなかったが、心の隅にそうした志向がみじんもないとは言えない。しかし不況のなかで、女子学生の就職口はなし、食べていかなければならない。この頃、桜が咲いて散った季節が私の記憶から完全に欠落している。五月のメーデーの旗の波を見ながら、仲間の戦列から離れた。フランスの詩人アラゴンの、「教えるとは希望を語ること、学ぶとは、誠実を胸に刻むこと」という大好きな詩を、私の心の支えとして。

▼労働法を学ぶ

専門過程に進み、私は〝労働法〟という法律に出会った。司法試験に合格したのち、三年間を、名大三宅正男教授のもとで、助手をつとめた。助手になった秋、市電と市バスの運転手や車掌さんたちの読書会のテューターとして、現場にたたきこまれた。岩波新書の磯田進著『労働法』と六法全書を持って、職場の権利について、ひとつずつ勉強した。二年間毎週一回の学習会で、情熱的な若者たちと語りあい、そのサークルを踏まれても育つ〝麦の会〟と名づけた。労働運動の良き時代であった。当時交通局の管理職をしていた人は、あの頃は肝を冷やしましたよと笑う。私は、生理休暇は、生理になって休む権利だから、女子車掌は、そのときは即座に車を降りろと言ったとか。実に勇気ある法律解釈をしていたなあと思う。

そして労働法学会の多くの先生方とは、就業規則とか合同労働組合の実態調査に参加して、一緒にあちこち歩きまわり、人間的に実に多くのことを学んだ。社会の変革にどう自らかかわって行くのか、この時代が私の生き方の原点をかたちづくったと思う。王子製紙のユニオン・ショップをめぐる争議にふれ、「団結の自治」を助手論文のテーマとした。

一九六〇年、弁護士の夫と結婚し、ともに弁護士の道を歩むことになった。司法修習生として、六〇年安保闘争に加わり、来る日も来る日もデモをし、国会周辺の津波のようなデモに、民主主義と労働運動の丸ごとの姿を見た。警官隊の暴力で被害を受けた人たちの事情聴取を手伝って、炎天下を歩きまわったりもした。青年法律家協会の運動も活発であった。

▼子育てと仕事

弁護士の登録をした年の秋、娘を生んだ。翌年男の子出産。保育所も少ない時代でもあって、仕事を続けることができなくなった。家事と育児をしっかりやってから仕事をすべきではないか。夫の両親と一緒に住んで、家事がうまく処理できず、恥ずかしい思いをした。いまでは私は、家事は訓練だという考えをもって、仕事をもつ娘には、最低の料理や家事の基礎は教えておこうと思うと話したら、先輩の女性裁判官に、「でも、余りそれに熟練すると、自分で全部背負い込み、仕事ができなくなるということがあるのよ。夫と協力してゆくべきよ」と言われて、今では迷っている。

そして仕事をやめなければならないと決めたとき、私は三晩、涙が止まらなかった。何故こんなに泣けるのか考え続けた。そのときはじめて、私の中に「業」のように、働き続けたいという思いが、断ち難くあるのを自覚した。友人の励ましと家族の理解で、夫の叔母にあたる人が、昼のあいだ子どもの面倒を見てくれることになり、一年ののち、仕事を再開することができた。

そして三人目の子どもを生んだ。

二　働き続ける権利のために

▼山一証券結婚退職制事件

一九六七年、山一証券に八年間勤務していたNは、結婚し、それからも働き続けたいと願ったが、会社と労働組合の執拗な説得に負けて、退職届を出し、賃金はそのまま、職場もそのままのかたちで、アルバイトとして働くことになった。会社では、数年前から入社時に結婚したら退職するという同意書を、女子社員からとりつけていて、何としても彼女をやめさせたかったのである。彼女は、働き続けるには、会社の言うなりになるしか道はないと思った。女性の仲間たちは集会を開き、上司に彼女を何とか働き続けさせてほしいと頼んでくれたが、副長は、「そんな男性を選ぶから悪いんだ。あなたたちはNさんのように、共働きをしなければならない男性を選ばないで欲しい」と答え、そのうえ、「あんたたちは権利闘争をする気か！」と机をたたいて洞喝したため、火が消えたようになってしまった。Nが私を訪ねて来たのは、二ヵ月更新のアルバイトを、六ヵ月目に打ち切られたときである。彼女は、住友セメント結婚退職無効判決の話を聞いた、退職届を出してしまったらもう駄目なんでしょうか、働かなければならないのにと涙ぐんでいた。

▼勝訴、そして退職

私たち弁護団は、退職届を出させた経過から、退職の法的無効を争った。会社は、結婚退職の慣行は、結婚を機会に女性が自発的に退職していく、いわば「女子大学の卒業式の袴」みたいなもので、Nも自発的意思で退職したのである、結婚したら退職する同意書も、任意に女子社員より提出させるアンケートにすぎないと反論した。

判決は、Nは結婚退職制が法的に違法であると知っていれば、退職届を出さなかったであろうと認定し、退職届は、民法九五条にいう「法律行為の要素に錯誤ありたるとき」に該当し、無効であると判示した。会社側は控訴し、彼女は職場に机を用意するようにと会社に申し入れて、就労闘争に入ったが、会社は、応接室以外に彼女を入れようとはしなかった。結局この事件は、和解になり、会社は、結婚して勤務する女子社員に対し、一切差別待遇をしないことを確約し、解決金を得て落着した。彼女は闘いの中で二人目の子供を身ごもったが、過労のため流産し、健康をくずしていて、これ以上の裁判の継続は困難となってしまったのである。

▼労働事件の打ち合わせ

労働事件の打ち合わせはきつい。証人として法廷に立ってくれる人を探し、説得し、細かい打ち合わせを何回も重ねなければならない。働きながら、自弁で続ける裁判の打ち合わせは、ほとんど夜になる。夜の打ち合わせのなかで、その頃生まれた次男は、何度か私の腕の中で眠ってしまった。当時は事務所と自宅が一緒であったため、上の二人の子どもたちも、私を待ちかねてか、事務所に入りこんできては、打ち合わせのソファーの隅で絵本を見ているうちに、コクリコクリと舟をこいだりする。私は、子どもにまといつかれながら仕事をすることは、まるで仕事に身を入れていないかのようで申し訳ないような思いをしていた。

しかしそのころ相談に来た人が、事件が解決したとき、「そんなにまでして、私の悩みを一生懸命聞いて下さったことに感動しています。ほんとうにありがとう」と礼をいわれて、私は、ああこんな風に受けとめて下さる方もあるのかと、力づけられたことが忘れられない。

▼NBN三〇歳若年定年制事件

一九六九年四月三日、Oは、三〇歳の誕生日を迎えると同時に、会社から解雇を言い渡された。名古屋放送株式会社（NBN）の就業規則は、定年年齢を、男子五五歳、女子三〇歳と定めていたのである。若年定年制の撤廃要求は、労働組合結成当時からの懸案であり、先に三〇歳を理由に嘱託に格下げされていたSの誕生日二七日の日には、抗議集会をロビーで開いていた。Oは裁判を提起した。会社は、女性の天職は、出産と育児にあり、女性の労働は男性の補助的労働としての性格をもち、家計補助の目的にすぎないのだから、三〇歳の退職は合理性があると反論した。

法廷では、まず女性の天職とは何か、が論点となった。私たちは、家事が省力化合理化されて主婦の時間を生み出したこと、七〇余年の女の一生のうち、育児もまた女の一時期にすぎず、家庭の管理や子どもの養育と教育は、夫婦の共同作業に移行しつつあること、働く権利は、動機理由の如何を問わず女性の基本的な権利であると論陣を張った。

そして会社側は、育児にはスキンシップが大切で、それがない子どもは非行化すると主張し、世間一般論としては、裁判官の情に訴える危険があった。どう反論していくかで議論を重ね、大阪市立大学の柴田悦子教授に証言台に立ってもらい、さまざまの実例をあげて反論をしていく方針をとった。羽仁説子の『私の受けた家庭教育』の一節も引用された。

▼働き続ける女たち

婦人記者として忙しい毎日を送っていた羽仁もと子は、娘の教育の時間を思い切って天引きしていたけれども、羽仁説子は、「私の内側の生活はあたたかくゆたかでした」と書きつづっている。母親もと子は、一週間のうち一日は、日の暮れないうちに帰ってきて、娘を銭湯に連れて行った。もう一日は、娘が寝る前に帰って来て、寝かしつけながら本を読んで聞かせてくれた。そしてこの二つの約束は、どんなに忙しくても守っていて、娘は母とのふれあいが印象的で母に対する信頼と感謝の気持ちを深くしていった。

銭湯への道すがら、母親は、幼い娘に本気で話し相手になり、母親にいろいろと話そうとして口ごもる娘に、「あのね、あのねが多すぎるよ。落ち着いて、いちばんいいたいことは何か決めなさい」と注文をつける。このなかで、娘は、自分の人生にとって一番大事なことは何か、知らず知らず考えさせられたにちがいないと思う。

また母が娘に本を読んでくれるときは、短く区切って、何度も同じところをくり返し読み、そのあとに母は自分の感想をつけ加える。娘は、それを文章として暗記し、母が留守のとき、ひとりで土手に腰を下ろし、木をわたる風の音を聞きながら、母のつけ加えた感想を反芻しながら口ずさむ。人並みはずれた資質に恵まれた母と娘ゆえに可能であった交流かも知れない。しかし羽仁説子は、母が時間の余裕を持つようになってから、かえって母のてんてこ舞い時代の厳しさも名調子も少なくなったように思うと書いていて、「働く生活のきびしさと緊張は、子どものために得がたいものである」とのべている。

引用が長くなってしまったが、こうした事例を法廷に引き出していくなかで、原告も、組合の仲間も、私たち弁護士も、傍聴人も、働き続ける生き方に自信を深めていったと思う。仲間の女たちは、子どもを生み、自分も働き続けていくことが、裁判の支援そのものだと思い定めていたところがあって、どんな困難にも耐え続けていた。

一九七二年Sも三〇歳となり、原告に加わった。訴訟のなかで、Oは二人目の子どもを生み、Sは四人の子持ちとなり、なかでも二人は双子の男の子であった。私が子どもの病気のため準備書面の作成が遅れて、Sが自宅までライトバンを運転して原稿を取りに来た。夕暮れどき、車のなかで四人の子どもが眠っているのを見て、私は恐縮のあまり言葉が出なかった。今でも、あの四人の子どもたちの寝顔を想い出すことがある。

▼婦人労働は補助的か

また会社がとくに力を入れたのは、婦人労働は単純定型的、男性の補助的労働なので、年功序列制の賃金体系で女は高くつくという主張であるが、私たちの反論書は、いま読み返しても切れ味は悪くない。

「働き続けようとする婦人労働者の数が増え、その労働にも質的変化が生じているにもかかわらず、依然として腰かけ的な女子労働者を前提として、旧態依然の労務管理をし、女子には教育訓練を施さず、責任ある地位や職務につかせず、婦人労働者に能力や技術の開発を可能にする諸権利の行使に否定的な態度をとって、その働かせ方を誤っていることに、人事停滞の大半の責任がある。個人差は、性差より大きいことは自明であり、女性は家事・育児にのみ天性ありとの偏見、俗説をもって、自らの人事労務管理の無能さを理由づけることは許されない。」

要するに、私たちは女を二度にわけて安く使うための若年定年制の目的を見抜いて怒っていたのである。裁判は勝った。そして三〇歳を前にしてTは、解雇を事前に差し止めることに成功し、一九七六年、O・Sの二人は、原職に復帰した。就業規則の女子若年定年制は削除された。七年をかけた長い道のりであったが、闘いの中で労働組合は分裂し、会社はそれ以後、女性をすべて嘱託としてしか採用しなくなった。新しい差別が、またはじまったのである。労働運動には、いつも終わりがない。

▼帝国興信所生理休暇事件

一九七五年帝国興信所に勤務するYは、生理周期が二八日型のため一年一三回となり、ある月に二回の生理休暇を取った。就業規則には、「有給生理休暇一日」と規定されていたが、会社は、この一日とは賃金計算期間一ヵ月に一日の意味だとして、賃金をカットしてしまった。団交が決裂して、裁判に持ちこまれ、一日の賃金カット分一七五〇円の支払を請求した。Yは、法廷で賃金の支払時期に応じて生理を起こせというのですかと反論したが、会社は、他の女性はそうした請求をしていないから、賃金計算期間に一日支払うというのが、当社の慣行だと言い返した。当然のことながら、裁判所は、一審、二審ともに、就業規則の条項は、生理周期毎に一日と解釈すべきであると判断し、Ｙは勝訴した。こんな当たり前のことに結着をつけるのに五年の年月がかかったが、会社は裁判の途中で、就業規則を、「有給生理休暇賃金計算期間毎に一日」という奇妙な条文に改めてしまった。その頃、合理化のために低能率者や組合活動家の首を切るという会社の方針に対応して、全国四つの支部で解雇無効を争う事件が起き、生理休暇の決着は、そのなかでふっとんでしまった。

▼楽天的に生きる

労使の紛争には、第一義的には双方の力関係が支配するので、権利が権利として通らず、裁判で認められた正義や自由が、反古になったりすることもある。しばしば私たちは、怒りとともに、無力さと深い悲哀を覚えずにはいられない。そんなときにはいつも、闘ったプロセスのなかで、仲間とともにまきつづけた種子が、いつか、どこかで、実るにちがいないと、楽天的に信ずるのである。

そのほかに、私は、紡績工場の工場閉鎖事件、ユニオン・ショップを利用した組合活動家の解雇事件、地方公務員の男女昇格差別事件、出産を理由とした看護婦の配転事件、両腕切断の印刷工の労災事件なども担当し、この不況のなかで、倒産時の賃金や退職金など労働債権の取立事件にかかわることも多い。債権者集会で多くの債権者とわたりあったり、親会社に出かけて交渉したり、債権回収の実力行使に立ち会ったり、時には暴力団や事件屋も相手にする。労働組合結成のためにオルグの人たちと説明に出かけたり、労働学校の講師を引き受けたりもする。労働事件には、いつもある種のきびしさがつきまとうが、多くの仲間とともにあることがとても心づよい。

今年の五月パートタイマーに正社員と同じ賃金を支払えという訴訟を提起し、婦人労働の低賃金に何とか一石を投じたいと頑張っている。

三　健康と環境を守って

▼東山保育園日照権事件

一九七二年一〇月、名古屋市の住宅地にある名古屋市立東山保育園の南側に、東西約三二メートル、四階建（高さ一二・一メートル）の賃貸マンションが建つことになった。そのため冬至において、日影は、午前九時に園庭の三分の一、午前一〇時に園庭の二分の一、午前一一時には三分の二、正午に五分の四をおおい、午後一時すぎには影がほとんど全体にのびて、それ以後は園舎の保育室や遊戯室も影でおおわれていく。園児の両親は、ほとんどが共働きで、サラリーマン、米屋、印刷屋、牛乳屋、パート、内職とさまざまであったが、彼らたちの住居は商店街の住宅密集地にあり、子どもたちは、保育園にあって、はじめてのびのびと太陽をあびて遊ぶことができた。子どもたちから太陽が奪われてしまう！　お母さんたちが集り、議論をし、四三名の子どもたちを主人公として、工事中止の仮処分を打とうということになった。園庭は、保育室に勝るとも劣らない保育の中心的な場所であること、子どもたちの〝良い環境で教育を受ける権利〟の中味として、園庭の日照が不可欠なことなどを主張し、愛知県立大学の教育学専攻の穴戸建夫教授、小川泰一級建築士に証言台に立ってもらい、名古屋大学公衆衛生学の権威井上俊教授、日本福祉大学土方康夫教授の鑑定書を提出し、保母や母親たちが現状を訴えて、裁判は進行した。しかし工事中止の仮処分は却下となり、世の中でこんな不法がまかり通るはずがないと勝利を信じて疑わなかった母親たちはショックを受けた。裁判進行中にコンクリートの本体はほとんど出来上がっていて、裁判所は、他に高層ビルも散見できる地域性に着目し、「日照の程度に対応した園舎及び園庭の利用をカリキュラムの上で考慮することによって、右影響をある程度減少する余地がある」として、受忍限度内の建物だと認定したからであった。

しかし仮処分で敗けても、その中で保育園の太陽を守る全国連絡会が生まれ、純粋で、率直で、ひたむきなお母さんの活動家が育っていった。

▼**損害賠償を求めて**

そして園児四三名は、あらためて、一人一冬五万円の慰謝料の支払を求める損害賠償請求訴訟を起こした。この訴訟中、名古屋市は園舎を新築し、屋上庭園を作り、ビニール製の人工芝を張った。人工庭園には、たしかに太陽があかるくふりそそぐ。しかし、園庭の日影は、その太陽で代替できるだろうかが論点のひとつとなった。

現場検証の日。日影の場所と日だまりに温度計を設置し、保母の一人は、建物の圧迫観とか日影は、子供の目の高さで計って欲しいと言った。膝を折って子供と背丈を同じ高さにして空を眺めると、建物の大きさは、大人の視線より被害度ははるかに大きい。道をへだてた小学校の園庭には、日光が照り返し、鉄棒には暖か味があるのに、保育園の鉄棒は、手が切れる程冷たい。陽だまりを求めて自然に移動する幼児たちは、鉄棒を使わなくなった。砂場もじめじめして不潔だ。

「裁判長、鉄棒をにぎってみて下さい」。「ビニールの人工芝のため静電気が起き、てすりにふれると痛いと言って、子供たちは屋上庭園には出ないのです」。

たしかに人工芝は、冬には針金のように固くなって、子供の目を突く心配があった。薬剤をまけば静電気の発生は防止できたが、雨が降ったら流れてしまう。裁判官は、靴をぬいで、ビニールの人工芝の上を歩き、鉄棒をにぎりくらべ、マンションの屋上に登って園庭を一望した。

裁判所は、園庭は幼児の遊び場であり、飼育栽培などの観察活動、作業活動を組織する場で、保育室に勝るとも劣らない重要性をもつと認定したうえで、幼児の遊び活動が停滞すると、幼児の運動機能、ひいては精神機能の発達も阻害されるとして、園児一人当たり一冬三万円（新園舎になって一冬二万円）の慰謝料を認容した。工事中止の仮処分で、カリキュラムによって配慮できるという指摘に対しては、保育のカリキュラムは、幼児の生活の流れの中で、活動と休息、緊張と解放という生活のリズムの中で取り組まれるもので、日照にあわせて保育内容を定めることは、本末転倒だと断じた。暖かに子どもたちを見つめた判決だったと思う。

幸いに事件は一審で確定し、判決総額一五五万円は、勝利報告集会のあと、全額東山保育園に寄贈され、印刷機と、地域の子供たちに貸出しができる図書室〝東山文庫〟がつくられた。お母さんたちと裁判を傍聴に来ていた子供たちは、やがてもう中学生になる。「マンション反対」のプラカードをオモチャ代わりにして育った頃の想い出は、いったいどんな心象風景として残っているのだろうか。

▼津島市一一ヵ町村ゴミ焼却場事件

一五〇トン二基の焼却炉を備えた大きなゴミ焼却場が、津島市宇治団地と川をへだててわずか六〇メートルの近く愛知県海部郡佐織町に建設される、どうしたらいいかと相談を受けたのは、一九七八年春のことであった。すでに敷地二万一千平方メートルの買収は終わっていて、工事費二〇億円、一九七九年中の完成予定であった。自治会全体で決議をし、町ぐるみで、訴訟の手段に訴えても中止させたいという。はじめてゴミ焼却場事件を受任する私は、佐藤典子、浅井得次弁護士とともに、判例を調べている矢先、ゴミ焼却炉を三菱重工が請け負うことに決まった。その直後、自治会の役員が、この事件は負けるのではないか、訴訟は危険でないか、金がかかるのではないかとしつこく聞いてくるので、気を悪くした。よほどのことがない限り、弁護士は、こうした事件で一〇〇パーセント勝訴などと楽観的なことは言わない。しかし引き受けた以上は全力をあげて頑張る、負けるにしてもタダで負けないという根性が必要だと思う。そのうち自治会は、六〇パーセントの賛成がないかぎり訴訟は見送りと再決議し、投票し、五八パーセントだったと反対運動の旗を下ろしてしまった。そして相談料として、二万円だか三万円だか、持って断りに来た。聞いて見ると、その団地は、勤労者住宅生協の小規模な一戸建て分譲団地で、三菱関係に勤めている人たちが多く、三菱重工が炉の機種や工事を請け負えば、会社に楯つけないということらしいとわかった。私は、石牟礼道子の〝苦海浄土〟という本の中で、水俣チッソの会社の前で坐り込んだ被害者たちに、裁判の支援をしないと決議した労働組合の人が、貸したテントを撤去してしまうくだりを読んで、ものすごく腹を立てたことがあったけれど、突然そのフレーズが心の底から湧き上がってきた。日本の労働運動の変わり身にまた怒って、もらった相談料を悪口を言いつつみんなで飲んでしまった。

▼ゴミにまみれた半年間

九月になり、四七士ならぬ団地の住民三六名が、断固裁判をすると言って来た。建物はすでに約五割がた工事が進んでいた。

私たちは、住民の人たちとともに、まずいくつかのゴミ焼却場を見学し、他の先例の裁判記録を借りて読み、公害研究所や大学の研究室を訪ね、住民運動のリーダーの人たちの話を聞いて歩いた。

ゴミ焼却場が地域住民の健康や環境にもたらす被害のうち、重大なのは、排煙による大気汚染である。ゴミ焼却場は、化学工場と違って、多種多様な有害物質を吐き出す。とくに塩ビ系プラスチックが燃焼するときに発生する塩化水素は人体に有害で、一九七七年には大気汚染防止法施行規則が改正され、塩化水素の排出基準が七〇〇㎎／㎥と決められた。奇妙なことに、一般化学工場の規制値は八〇㎎／㎥なのに、ゴミ焼却場の規制値はその約九倍。所詮は経済的配慮を住民の健康より優先させていることでしかない。

まず立地の当否を決めるのに、環境アセスメント（事前評価）は必要不可欠とされる。

そして塩化水素を規制するためには、ゴミの中のプラスチックの混入率を減らすために徹底した分別収集を行い、塩化水素除去装置を設置し、常時高度の技術力を備えた監視体制が不可欠である。この事件では、建設主体の津島市ほか一一ヵ町村の衛生組合は寄り合い世帯で、環境アセスメントはお座なり、ゴミ量とゴミ質の調査も不十分、分別収集体制もなし。とりわけ塩化水素除去装置を備えていないことは致命的であった。

住民たちは、目前で着々と進む建物の工事や次第に高くなっていく煙突に絶望的になりながら、全国のゴミ焼却場を見てまわり、写真をとり、近隣の住民から被害の聞き取りをした。衛生組合に加盟している市町村のゴミ行政の実態を調査し、各地でゴミ箱のふたをあけて調べまわった。主婦たちは、自分たちの家庭でどれだけのゴミが出て、その内プラスチック類は何パーセントになるか調査するために、毎日、台所の野菜くずに至るまで目方を計り、記録し、データーをつくった。住民たちの作った写真集一二冊、報告書は八五通にのぼっている。まさに手づくりの立証活動に、みんな不眠不休、その年の正月の休みはなかった。

▼忌避申立て——そして工事中止

ところがやがて結審間近という段階で、ハプニングがおきた。裁判官が住民側に知らせないで、相手方に資料の提出を求めたため、衛生組合の議長が、組合議会で、裁判官の態度から勝訴間違いなしと報告したというのである。新聞社からコメントを求められた弁護団は、大議論のすえ、深夜、担当の裁判官に対する忌避申立てに及んだ。そんなことをすると、裁判所の心証を悪くして敗けてしまわないかと不安がる住民の人たちもいたが、公正でないことは許せないという思いであった。

一九七九年三月二七日、裁判所から決定が出たから判決文を取りにくるようにと電話連絡が入った。裁判官の忌避申立てをしたときは、別の裁判官が合議でこれを判断するため、結論がでるまで訴訟手続は中止されるという原則を信じていた私は仰天し、六法全書をくりながら足がふるえてきた。民事訴訟法四二条は、但書で「急速を要する行為については此の限に在らず」とあった。決定が出たということは、急速を要するためというのなら、勝ったのか？　裁判所に向って駆けながら考え続けた。「建設を中止し、これを続行してはならない」という主文が涙でかすみそうで困った。九割まで工事が進み、田んぼの中に威容を誇るごみ焼却場の工事が完全に止まった。

衛生組合は、仮処分決定に対する異議申立てをせず、住民との対話の方法を選んだ。判決文が、公害発生の蓋然性を認め、「被害を未然に回避するためごみ焼却場の建設を一時中止し、改めてその設備の機能を再検討し、地域住民との話し合いのうちに適当な善後策を講ずる必要がある」と指摘したからであろう。住民側は直ちに「原点に立ち戻って、行政、住民共同で環境アセスメントを行おう」と申し入れ、仮処分申請人たちの運動は、津島、諸桑、古瀬の三部落の人たちを加えてゴミ問題地域連絡協議会を結成して、大きな広がりを見せはじめた。

▼二年半の対話と交渉

対話は、衛生組合の建設強行の謝罪文の交付から始められた。住民側はゴミ問題の基本策として「ゴミの減量化と燃やさない処理方法」を提言。ごみ問題検討委員会は、双方から同数の委員を出し、原則として一ヵ月一回、住民に公開して行われる。部会は、プラスチックの処理、アセスメント、コンポスト（生ごみのたい肥化など）の三つに分かれて、何回も何回も開かれた。名古屋大学工学部吉村功助教授、同中川武夫講師、大阪大学工学部森住明弘助手、韮山高校西岡昭夫教師の、科学者としての、献身的な参加には、まったく頭が下がる。住民の人たちも、ゴミ問題にかけては専門家はだしとなり、ごみ行政の根幹に目をすえて、この運動はまさに住民自治の実験場と呼ぶにふさわしいものとなっていった。真冬と真夏には、住民総ぐるみで煙流実験をした。たい肥のウジをなくするために苦闘もした。排ガス除去装置の機種選定のために全国の焼却場を見てまわった。手づくりの、気の長い作業をつみ重ねていった。ただ双方とも参ったのは、焼却場の保全と倉庫代に年間一億円近くカネのかかることであった。まったく大企業だけは損をしないように出来ている。

一九八一年八月二三日、勝訴から二年五ヵ月目に、双方が合意に達して、確認書と覚書きを交した。

▼草の根の住民自治

工事再開の条件は、(1)稼動期間を一三年とする、(2)焼却量は一日一五〇トンとし、二基のうち一基を予備炉とする、(3)増設は一切しない、(4)分別収集を別途計画書通り実施する、実施のできないときは工事を中止する、(5)今後一切他市町村の加入を認めないとし、稼動の条件として、(1)公害防止協定を締結する、(2)地元住民参加の清掃工場運営協議会を設置する、(3)全施設の見直しをする、(4)残灰は当該地区に埋立てないとした。さらに、実施中の環境アセスメントの結果は尊重する、生ごみのたい肥化、メタン化処理、プラスチック類の処理、粗大ゴミの処理の技術的検討を行い、収集から処理までの一貫した組織運営体制を確立し、ごみ問題の啓蒙と研究を恒常的に行うことを組合に義務づけている。さらに覚書では、操業期間経過ののちの跡地や建物の活用について、損われた環境の回復に配慮すべきこと、行政長は焼却場周辺のスラム化を防止するため行政指導をつよめること、分別収集のプラスチック混入率は、五〜七パーセントを目標とすることなどにもふれている。

この協定文の厳しさに驚く人が多いが、報告集会の日、住民のかかげた〝気を許すまい一三年〟というスローガンを見て、私はまた感動した。去年の八月一五日にも会議があり、今年も正月五日から打ち合わせがもたれた。住民運動は完全にゴミ行政を変えた。いまでは住民の人たちのエネルギーについて行けないくらいだ。意識も高い。ひたむきで一途だ。ガンで亡くなった活動家の奥さんは、弁護士との徹夜の打ち合わせで夫は生命を落としたと遺稿集に書いている。みんな彼の面影を忘れていない。政党や派閥の引きまわしをせず、草の根に徹した住民の育ち方は、本当にすごいと思う。

四　おわりに

労働・公害事件について書いたからと言って、この種の事件だけを担当しているわけでは決してない。むしろ他の市民事件や家事事件などに通常は多くたずさわっている。しかし、中小企業は別として、労働事件を担当する弁護士には、男性であっても、大きな会社側からの事件の依頼はまったくないことを覚悟しなければならない。

裁判は、実に長い時間がかかる。地をはうような地味な仕事が九分で、その一分が、はなばなしく人目にうつるにすぎない。労働運動や市民運動は玉砕を許さないので、次の活動の活力を育てるために、踏みとどまる地平はどこか迷うことも多い。そして労働・公害事件では、主役を担うのは、働く人たちや地域住民の人たちであり、その運動の成否が世の中をどう変えるかの鍵をにぎっている。こうした反動化の時代になると裁判も勝訴はだんだんとむつかしくなる。だから弁護士は事件の介添役にすぎない。それを肝に命じなければならない。

侵された権利の回復のために、長い時間と多くの費用を使って闘いを組むので、落伍もあり、裏切りもあり、妥協もないわけではない。手にしたお金の分配でもめることもある。しかし、人間は誰でも、美しいものの裏側に醜いもの、強いもののうしろに弱いものを持っていて、その丸ごとが人間なのだから、美しいキラキラ輝くものの側面で生きる時間を共有できることは素晴らしいことではないだろうか。私は労働事件や公害事件で頑張っている人たちを尊いと思う。経済優先の世の中で、〝魂〟〝団結〟〝連帯〟などの旗じるしのために行動することは、そうたやすいことではないからである。こうした冬の時代に草の根の人たちと、痛覚を分有できる立場にあることをいつまでも大切にしたい。

11 経済界における公正な競業秩序のために
――工業所有権法を専門とする大型共同事務所の場合――

松 尾 和 子（弁 護 士）

昭和28年東京大学法学部卒業。31年まで特研生。33年弁護士登録。ニューヨーク大学（MCJ取得）、ミシガン大学留学。法制審議会国籍法部会、日弁連「女性の権利に関する委員会」各委員。『不正競争防止法』（共著）ほか。

一 プロローグ

朝、六時五〇分起床。知人の歯学生に勧められた歯ブラシ「Dr. Bee」と歯みがき「デンキュア」でさっぱりしてから、「CAMAY」石鹸で軽く顔を洗う。日本シャクリー社のスキンローション「JENA」と、「資生堂ベネフィーク」のファンデーション等で顔を整える。年が気になるようになってからは、ベルマ社の育毛剤「edonil」も欠かせないようになった。階下へ行く。「高崎ハム」を切って、「味の素」サラダ・オイルで軽くいため、「キャンベルスープ」を温め、「Dole」のバナナを果物かごに盛る。昨晩洗って容器「TUPRER WARE」に入れておいた野菜の上に「あけぼの印」のさけ罐をこんもりのせ、「HEINZ」アップルビネガー・ドレッシングをかける。この頃になると、家族が一人また一人と集まってくる。「SONY」テレビから流れていた英語会話が、次第に耳から離れていく。「QUAKER OATS」を「森永牛乳」で煮て、生姜味のきいたマーマレード「Crabtree & Evelyn」をたっぷりのせる。テーブルについて、「TWININGS」のアールグレイ紅茶のポットに熱いお湯を注ぐ。三分間置くうちに、心に静かなゆとりがただよってくる。朝の祈りと共に一日の生活がおごそかにはじまる。

右にかっこをもって示したのはみな商標である。商標は、特許や意匠・著作権と共に工業所有権の大きな部分を占めている。私は、この工業所有権に関連した法律問題を専門とし、そろそろ二五年になろうとしている。ちなみに、右の商標中約七割は、私ないし私共の事務所の依頼会社のものである。

二　事務所のあらまし

約一〇名の弁護士、約二〇名の弁理士、電気・機械・化学など各分野の技術者、英文・和文タイピスト、ドラフツマン、総務・経理・受付担当者、一般事務担当者、翻訳者、運転手、お茶接待係などみんなでほぼ一〇〇名の人たちが私共の特許法律事務所の構成員である。毎日毎日、日本国内だけでなく、アメリカ、イギリス、ドイツ、フランスその他ヨーロッパ、ラテン・アメリカ、東南アジア等の世界各国から多くの手紙が配達されてくる。また、何メートルにも及ぶテレックスが届けられ、最近では、ファクシミリの利用も増加している。ワードプロセッサも威力を発揮しており、さらに、現在、事務処理や経理につき、広くコンピューターの導入が計画されている。いわゆるＯＡ化に向かって進んでいるわけである。

特許法律事務所では、弁護士のほか、電気・機械・化学・商標の諸分野にわたって、各種専門技術と知識を備えた弁理士や補助者が必要とされる。また、特許庁に対する特許・商標などの出願手続は、権利の取得まで、階段を昇りつめるように進められていくから、各段階における一件書類の記録、書類の作成、書類提出期限のチェックなど、事務量が多く、したがって、事務所の人員は増加しがちである。さらに、これら出願手続には、緊急性、定型性、反覆性があるから、純粋な法律事務所に比し、機械による事務の合理化に馴染みやすい。

事務所が大きいため、就業規則も整い、所員の給与体系も確立され、マイクロ・コンピューターを内臓したタイムレコーダが一般所員（弁護士・弁理士を除く）の出勤（午前九時一五分）・退社（午後五時半）・遅刻・残業等を記録することになる。経営には、私を含む弁護士五名と弁理士六名が関与し、組合（パートナーシップ）を形成している。パートナー会議は月一回、冬でも午前八時半から開催され、経理から人事に至るすべての基本的問題を決定している。

三　弁護士と弁理士の協力

特許法律事務所（法律特許事務所と呼ばれることもある。法律業務の占める割合の方が大きいときである）の弁護士は、通常の民事・刑事事件も扱うが、その業務の七割ないし八割は、工業所有権に関連し、工業所有権の侵害に関する相談・鑑定・訴訟、権利の利用に関する契約書（ライセンス契約）の作成、会社の設定その他会社法上の法律業務、特許庁の審決に対する不服の訴訟、特許庁の審判手続等における証人尋問、その他出願手続における法律的側面を担当する。これに対し、弁理士は、特許・実用新案・意匠または商標に関し、国内外の特許庁に対して、主として出願関係の手続の代理や鑑定を行う（弁理士法一条）。すなわち、発明やアイデアの権利化とその維持をはかるのである。ちなみに、弁護士の「弁」はもと「辯」であり、「辯」は理屈をわけて述べた議論の意味である。他方、弁理士の「弁」は「辨」であり、複雑な仕事にけじめをつけて処理することを意味する。

弁理士は、一方、特許・意匠・商標等の侵害訴訟事件において、訴訟代理人である弁護士の輔佐人であることができ（弁理士法九条一項）、他方、特許庁における審決等に対する訴訟においては、訴訟代理人になることが許されている（同九条ノ二第一項）。

弁護士の資格を有する者は、弁理士試験を受けることなく、特例により、弁理士としての資格を与えられるが（同三条一項）、特許法律事務の専門家を自認する弁護士は、弁理士登録も併せ行い、弁理士会における活動（私の場合、委員会活動とか、研修会において侵害訴訟等の法律問題につき講師をつとめるなど）にも従事するのが普通である。

四　ルティーン・ワーク

私の場合、さらに、パートナーとして、事務所における商標部門の責任を負っている。工業所有権の専門家としては、特許庁における出願手続に精通している必要があるが、法律家が特許の明細書を書いて手続を遂行することは事実上不可能である。しかし、商標ならば法律家による処理が可能であるだけでなく（商標専門の弁理士は、通常、法学部出身である）、商標をめぐる法律問題はしばしば、他の諸法規と関連するから、弁護士の関与を必要とするのである。意匠法、不正競争防止法（未登録商標や、商標と同じ機能を有するに至ったもの、たとえば、レンズ保持用ナイロン糸及びナイロンクッションを有する眼鏡枠「ナイロール」の形状自体も保護される。東京地判昭和四八年三月九日無体財産権関係民事・行政裁判例集——以下無体集と略す——五巻一号四二頁）、著作権法（たとえば、キャラクターの商品化の場合、キャラクターは、事案により、商標法、不正競争防止法、意匠法あるいは著作権法により保護される。漫画サザエさんのキャラクターが観光バスの車体側面に使用された事案では、著作権侵害として損害賠償が認められた。東京地判昭和五一年五月二六日無体集八巻一号二一九頁）、商法の商号に関する規定（ソニー株式会社、サントリー株式会社、味の素株式会社等々と基本商号および商標・営業表示を共通にする会社は多いから、一つの事案で、商標法、不正競争防止法、商法の規定を適用できる場合が多い）、独占禁止法（商標権や特許権を行使する場合、その態様が、不公正な取引方法として問題になることがありうる）、一般法としての民法は、すべて重要な関連法規であり、商標の選択から管理に至る法律問題は、これら全体を考慮しなければ適切に取り扱えないのである。

商標部門の責任者として、毎日事務所に到着する手紙や特許庁の指令等を調べ、事務所から発送される書類や手紙をチェックしてサインし、かつ、後輩の指導にも当たっている。また、諸外国の依頼者を訪問し、あるいは訪問をうけ、仕事の打ち合わせや、意見の交換を通じて交流を深めることも重要な役目の一つとなっている。

五　専門職を選んだ理由

なぜ法律だけで完結しない専門職を選んだかという問に対し、主として二つの理由から答えることになる。第一に、私が将来の方向を考えていた昭和三〇年頃から、工業所有権の重要性が、社会的に承認されつつあったことによる。当時、わが国における本格的な経済成長が始まり、科学技術の研究開発は急激に進展していた。技術開発は、海外から導入した技術をもとに積極的に進められていたが、技術は特許権等工業所有権により法律上独占を保障されているから、その保有者は、競争市場において優位に立つことが可能となる。この意味において、特許制度は技術の進歩、ひいては経済発展のための中核的存在であるといえる。他方、国民の所得水準が上昇し、大衆消費社会が出現してくると、ブランド（商標）や商品のデザイン（意匠）の果たす機能が重要になってくる。したがって、商品を購入する一般需要者の利益も、権利者の利益とは別に保護されなければならず、問題点が多い。第二に、工業所有権制度は右に述べたように重要であるにもかかわらず、未開拓の法律分野であったことによる。当時、学問的研究の蓄積は極く僅かであり、文献も限られ、工業所有権の講座をもつ大学はほとんどなかった。私はもともと学者になるつもりで大学の研究室に在籍していたので、このような事情を具体的に知ることができた。そして、必ずしも女性を歓迎しない法律の世界であっても、未開拓の分野に進出するなら遠慮はいらないから、そこで自分の力を発揮する機会が十分ある筈であり、しかも、社会に対して多く貢献することができるものと考えたのである。

六　この分野の現状と将来

右の事情は今日でも大きくは変化していない。その上、技術の新しい展開、経済取引の地域的拡大および工業所有権制度の国際化は一段と進められ、新しい問題が提起されている。国際偽物商品の排除、コンピューター・プログラムの保護、産業スパイや秘密漏洩をめぐる民事刑事にわたる法律問題、コピー時代に対応する著作権者の保護等々もその例である。さらに、渉外的取引問題も、増加している。

現に、依頼をうける仕事量は多く、私はいつも、ヘリウムを最高に注入された風船のようにふくらんでいる。破裂を避けようとすれば、夜遅くまで事務所で居残るか、家に仕事を持ち帰ることになる。

机のまわりには、始終、有名ブランドの類似品、特許権侵害者の製品、新商品のサンプル、鑑定のための資料などが積まれることになる。外国の立法や裁判の動向にも注意していなければならない。

マーケットに行くと、目的のショッピングを忘れ、商品知識を仕入れたり、新製品の特徴を観察したり、商標や宣伝方法に心が奪われてしまう。もし、依頼会社の商品の偽物でも見つければ、早速購入し、特別な領収書を作って貰うことにもなる。公正な競業秩序の確立のために、一端を担っているつもりなのである。

七　訴訟活動のさまざま

いろいろな訴訟事件がある。技術的内容がむつかしく苦労する事件、勝敗の予測が微妙で、精神的緊張の持続する事件、訴訟戦術・心理合戦の要求される事件、経済的正義のため情熱を注ぐ事件等々。普通事件の弁護士と異なり、毎日何回も裁判所に出ることはないが、事件の規模は概して大きく、かつ複雑であり、訴訟準備にかける時間も、通常事件とは比較できない程長いのが普通である。このようなところから、私共の事務所では、訴訟事件を、すべて、複数責任制で扱うこととしている。

私の事件簿の中から一、二の例を拾ってみよう。

▼オッシロスコープの特許権侵害

（1）　訴訟提起の準備——技術内容につき特訓

オッシロスコープという装置（電流・電圧などの、電気的な量の時間的変化が直接目で観察できるように、波形に映像化する装置）があるが、これに用いる減衰器装置（電気信号をひずませないで弱くする装置）、伝送線回路、グラフ表示の時間軸をつくるための傾斜信号発生回路、観測の開始点で回路を起動状態とするためのトリガ回路、波形を部分的に抽出するサンプリング回路、パルス発生回路、パラフェーズ増幅器をそれぞれ対象とする七個の特許権に基づいて、特許権侵害行為の差し止めと九桁の損害賠償を請求した事件があった。特許発明の技術的範囲は明細書の特許請求の範囲の記載によるが（特許法七〇条）、たとえば特許請求の範囲に次のものがあった。「切換可能な少くとも夫々一個のタイミング・コンデンサ及びタイミング抵抗、上記タイミング・コンデンサとタイミング抵抗の共通接続点に入力端子を接続し、出力端子を上記タイミング・コンデンサの他端に接続したインバータ増幅器、上記インバータ増幅器の出力と、入力に夫々接続された第1及び第2のゲート素子及び上記第1のゲート素子を入力端子に、第2ゲート素子を出力端子に接続し一定基準電圧と比較する電圧比較器とを具備する事を特徴とする傾斜信号発生回路。」。本件の特許発明は、このようにいずれも極めて特殊に専門的な技術である。訴訟の遂行には、弁理士を輔佐人とし、専門技術者の協力も求めたが、七個の特許権を私自ら理解し、被告製品とその問題になる回路を理解しなければ、侵害の成否並びに侵害理論を構成することができないことはいうまでもない。訴訟活動の担当責任者はあくまで弁護士なのである。ところで、発明は、従来の技術に欠陥があり、その欠陥を克服するための技術上の課題が与えられ、その課題解決の具体的手段として実現されるのであるから、特許発明の特徴は、従来技術を理解しなければ、正しく判断できないことになる。七件の特許発明を理解したら、次に、被告の使用する回路の具体的構成を明らかにし、その作用効果を分析した上で、たとえば、ダイオードD_2が第2ゲート素子に、ダイオードD_1が前述した特許発明の第1ゲート素子にそれぞれ該当し、トランジスタTR_3が電圧比較器になり……特許発明の全構成要件を備えているから、この回路を使用したオッシロスコープの製造販売が特許権侵害を構成すると結論することになる。私ははじめに、七個の特許権と被告製品について、依頼会社と事務所内の技術者から連日特訓をうけた。メモをとり、本を読み、猛烈に勉強して、オッシロスコープに関する知識を短期間に吸収しなければならなかった。弁護士として、失敗の責任は私が総括して背負わなければならないから、彼等も必死になって、私の発する愚問や焦点の定まらない疑問に対して懇切丁寧に応答し、終始協力して私に寄りそってくれた。それにしても、七個の特許権の排他的効力の発生時期はそれぞれ異なり、被告の二四種あるオッシロスコープの製造販売時期も、権利侵害の態様もそれぞれ異なるので、訴訟提起に当たり、訴訟の対象物をどう特定するか、損害賠償の額をどう算定するかなど法律技術上の問題点も多かった。

(2) 訴訟の遂行——精神力・努力・体力

訴訟提起までの心理的圧迫から開放されると、次に、原告として訴訟進行の舵をどうとるのが賢明なのか策を練ることになる。七個の特許権侵害の同時進行が時間的精神的に多大な犠牲と苦痛を強いることは明らかであるが、防御に当たる被告側はもっと苦しい筈である。私共は密度の濃い集中力を持続させ、七個の権利に基づいて同時に攻めまくることにした。事案は複雑であるため、裁判所では、口頭弁論ではなく、まず準備手続により、主張立証が整理されることになった。被告の代理人もこの分野の専門家であり、有能な先輩弁護士であった。被告会社の技術陣も堅固のようであり、やがて徹底抗戦がはじまった。たとえば先の特許権の例でいうと、被告は、優先権主張の基礎となった（特許法四三条）米国の明細書や本件出願の分割前の明細書の記載並びに、出願前公知の英文雑誌や特許明細書を根拠として、原告の特許請求の範囲の各構成要件を極めて限定的に解釈すべきことを種々主張した。特許発明のインバータ増幅器はハイブリッド回路からなるものに限定すべきところ、被告のインバータ増幅器は全トランジスタ回路から構成されるから特許発明のものとは異なるといった類であり、特許請求の範囲の他の構成要件についても同じように被告回路がそれらと異なることを主張した。原告は被告のいう公知文献や出願経過を検討し、公知文献の開示する技術は被告主張と異なること、本件特許発明が被告により正しく理解されていないことを指摘し、被告主張を詳細に反駁する。被告はさらに反撃し、次第に議論は深く細かくなる。他の六個の特許権についても、同じように反撃をうけた。こうして、双方とも精力的に裁判所に提出する多量の準備書面を作成し、一回の書面が八〇頁、九〇頁に及ぶことも多かった。

私の知らない技術用語ないし技術内容が持ち出されるときは、まずそれについて技術者の人たちから教えを受け、理解に努め、それから彼等と議論することになる。しかし、訴訟における主張・反論は、被告の対象物件が特許発明の技術範囲に抵触するか否かの判断に向けてなされるものであって、純粋な技術論争自体ではないから、私は、技術者から教えられ、助けられながら、逆に、その主張する技術論を、弁護士として阻止したり、膨大な技術資料の中から、技術者の立場と異なるものを選択し、異なる見解を構成することもある。さらに、法律家の合理的精神、批判精神から生じた疑問から、有効な原告側の技術的主張が新しく構成されることもある。

準備書面の作成には、このようにして、いつも、時間と努力が必要であるが、それだけではなく、体力も要求される。しばしば、九時、一〇時と残業するうえ、事務所近辺のレストランは八時ないし九時に閉まるので、予測を誤まると、夕食抜きになってしまう。また、時間の経過につれ、訴訟記録が厚くなる。かばんが一つから二つになり、やがて、かばんが大きな風呂敷包みに変わり、それも二つになる。さすがに、腕にずっしりと重いが、訴訟の必需品は、何としてでも自分で持ちたいものである。

(3) 和解――平和のよろこび

本件訴訟は、もともと、被告側が原告側に対し、本件で問題となった特許権の一部につき実施の許諾を求めていたのに、その交渉の途中で逆に、被告の特許権が侵害されたと強引に主張して訴訟を提起してきたところからはじまったものであった。私共には、これでは企業倫理が通らない、長期戦となる特許訴訟は企業にとり精神的にも経済的にも重圧であるが、権利の為の闘争には勇敢でなければならない、という信念があった。しかし、他方、権利を承認し、尊重し合った上で、その主張を控え、問題を平和裡に解決することができるならば、それは企業にとって最良の策である。「和解に勝る裁判はない」といわれた裁判官もある。

本件の攻防戦が四年近く続き、双方の準備書面が各四〇回程になると、私共は勝訴の確信を具体的に感じることができたが、同時に和解の機運も熟してきた。

このような場合、弁護士として重要なことは、ようやく射程距離にいれた勝訴判決に対する欲望を、依頼者のために、きっぱりと放棄し、権利の主張が人間・時間・金銭の消耗戦に終わらないようにすることである。結局本件は、裁判官の巧みな斡旋もあって、難航の末ではあったが、原・被告間に本格的な和解が成立し、七個の特許権を超えて企業上の協力関係をつくることとなり、関係当事者すべての満足のうちに幕を閉じることができた。

私は、訴訟代理人である弁護士として、依頼者と一緒になって、憤激したり、悩んだり、悲しんだりすることを慎んでいるが、喜びだけは例外であって、依頼者と共に満喫することが許されてよいものと思っている。

▼風林火山と武田菱――商標法・不正競争防止法違反事件

(1)　清酒の銘柄「風林火山」
Y県に本店を有する酒類製造販売会社・F社は「風林火山」という銘柄の日本酒を製造販売していたが、新しいラベルを採用したいということで相談にみえた。これまでのラベルは花菱（武田家の紋章で「女菱」ともいう）の連続模様をあしらった地に「風林火山」の文字を細く表示し、全体として商標登録を得ていたが、使用開始後一〇年経過し、もはや時代感覚に合わなくなったというのである。これに対し、新デザインの胴貼ラベルは、写真のように中央に男菱ともよばれる武田菱（菱形図形四個を細い間隔をもって菱形に表示したもの）を大きく顕著に表示し、その側面に、「風林火山」の文字を太く力強い書体で表示したものからなり、肩貼ラベルは「風林火山」を横書した背景に武田菱を表示したものであった。私は、その単純・明快な新ラベルに一目惚れした。武田菱の大胆な使用は、「疾如風徐如林侵掠如火不動如山」に由来する「風林火山」の銘柄を強烈に印象づけている。F社は私に商標登録の可能性を尋ね、かつて、K市所在のO社から武田菱は使用できないと言われたことがあったと付言した。調査の結果、O社所有の登録商標は、富士山を背景に描いたラベルの中央に「割菱」の文字を大書し、その背後に、菱図形四個を線書で菱形に表示したものであり、全くイメージが違っていた。なお、O社はかつて、「割菱」の文字と割菱の図形を表示した登録商標を所有していたことがあるが、既にその権利は消滅していたし、現に使

用されていないということだった。そこで私は、F社にゴーのサインを出した。期待どおり、F社の新ラベルは評判がよく、売上げも急激に上昇中という報告があり、私はすっかり気を良くしていた。

(2)　仮処分事件へ発展

ところが、発売後四ヵ月でO社からK市の裁判所に仮処分の申請が出された。地元の新聞は一斉に大きくこれをとりあげた。O社の現実に使用していたラベルは菱四個からなる割菱の図形に菊花をあしらったものを中央に顕著に表示し、その上に大きく「割菱」を描いたものだったが、新聞の写真にF社・O社の酒びんとして並べ写されたものは、共に、胴貼ラベルの中央に大きく表示された菱図形を強調するものであった。私はこれが地元の意識であり、具体的な反応であることをおそれた。

O社の法律上の主張は、第一に商標権侵害であった。O社の登録商標もF社の商標（ラベル）も共に「割菱」の称呼、外観、観念を有するから、両商標は類似するというのである。第二は不正競争防止法一条一項一号に基づくものであって、O社は明治一〇年創業以来、割菱の文字と図形の商標を使用しており、割菱の商標はO社の商標として著名であるのに対し、F社は、NHKの大河ドラマ「天と地と」の惹き起こした武田信玄ブームに乗って類似商標を使用して、O社の清酒と混同を起こしているというのであった。

私は、F社とO社のラベルは非類似であるうえ、武田菱は、一般に、風林火山と不可分に使用され、武田信玄の紋章として社会性を帯有している以上、O社が武田菱を独占し、F社の使用を阻止できるとするのは不当であると考え、受けて立つことにした。

(3) 主張と立証

不正競業法は公正な競業秩序の維持を目的とし、商標法は、その一部であるといえる。そこで、私は、F社の行為が商取引における信義則に違反するものでなく、かえって、O社が横車を押しているという事実を、まず明確に裁判官に印象づけることが重要であると考えた。この狙いは、F社が風林火山の銘柄に武田菱をあしらったのが極く自然であることを明らかにすることによって達成される。そこで、風林火山と武田菱の両者を使用する種々の商品をたくさん証拠として出すことを考えた。土産品店をおとずれ、うちわ、状差し、のれん、ちょうちん、メダル、ペナント、キーホルダー、漬物、菓子……何でも購入し、大きな風呂敷に包んでごっそり裁判所に持ち込み、検証物として提出した。第二に、日本酒の銘柄がラベルの模様ではなく文字から発生することは公知の事実であろうが、F社の新ラベルの武田菱のように顕著に描かれた場合もそうであると主張する必要があった。武田菱は、人に力強いイメージを与え、購買意欲を起こさせる装飾にすぎず、商品の出所識別機能をもたないという大胆な主張を展開した。私はF社の日本酒が旧ラベルの下に「風林火山」の銘柄として確立していることから、この主張を間接的に裏付けようとし、F社を通じ、「風林火山」を地酒の名酒として紹介する本、雑誌、新聞記事、F社自身の過去一〇年間の宣伝広告物を一つ一つ証拠として蒐集していった。この間、本件で協力をお願いしていた同じ事務所の先輩のN弁護士が、海外出張の朝の飛行場から、右主張を支えると思われる三角旗・清水次郎長の判決（東京地方裁判所昭和五一年一〇月二〇日 特許と企業九六巻三一号）が判決特報に掲載されている旨を電話で知らせて下さったことがあり、今でも鮮やかに思い出される。

右の点とも関連するが、もう一つの重要な争点は、風林火山と一緒に使用される菱図形が武田菱なのか割菱なのか、武田菱と割菱は同じか違うかであった。風林火山の菱図形がO社の商標にある割菱であり、F社のラベルが菱図形を顕著に描いている点を取りあげると、両者は観念類似となってしまう。私はこの論理を最も危惧した。O社側は紋章学の文献を種々証拠とし、武田菱と割菱は同一であるという。私は別の見解をとる紋章学の文献や歴史書を探し出し、結局、諸説紛紛判然としないけれど、現在一般に、「風林火山」と共に用いられる菱図形は武田菱と称されていると指摘し、井上靖著『風林火山』、新田次郎著『武田信玄』を丹念に読み、出てくる「武田菱」にはみんな赤線をひいて、本を証拠とするなど工夫した。清酒の銘柄「風林火山」プラス武田菱は、O社の「割菱」プラス富士山あるいは菊をあしらった割菱とは類似しないというわけである。

(4)　新田次郎氏の証言

本件での圧巻は作家新田次郎氏の証人尋問だった。同証人の尋問は、日本文芸家協会の顧問弁護士でもあるN弁護士が担当した。**問**「(証人の小説の)いろんな箇所で武田菱という言葉が出て参りますね」**答**「はい」。**問**「割菱ということは書いていらっしゃいませんですね」**答**「はい」。**問**「それはなぜでしょう」**答**「割菱を知らなかったからです。それから各所に武田菱の旗ということを書いたのは武田菱と武田信玄、風林火山というようなことは、武田信玄を書くときには不可欠の用語です」。

その他、清酒がラベルの模様ではなく、銘柄で買われること等々、適度に酒をたしなむ良識ある文化人の証言は、裁判官を納得させるにふさわしかった。

(5) 判決を得て

二年後、裁判所は私共の主張を全面的にいれ、O社の申請を却下する判決を下した。私はF社の社長と「コーヒー」で祝杯をあげた。T高等裁判所における控訴審でもきれいに勝訴した。

この事件の思い出は尽きない。地元の証人との打ち合わせに現地の旅館に泊ったときのことだった。尋問事項の整理がようやく終わって布団にもぐりこんだところ、一番鶏のけたたましい関声で起こされてしまった。やっと静かになってウトウトしたら今度は館内放送で眼をさまさせられた。

「おはようございます。ゆっくりお寝みになれましたか。さてお風呂が沸いておりますのでお入り下さい……美容にもとてもよい温泉でございます。ひと浴《あび》してから、また、お寝みになるのも結構なことかと存じます。」自然と素朴さを愛してここへきたのにと恨めしかった。

F社の社長も好い人だった。初対面のとき、赤いシャツと背中まで下がる髪で私を驚かせたが、しなやかに最敬礼する彼の姿をK駅でとらえるたびに、私は訴訟に勝たなければと思うのであった。彼は昨年秋、ブルゴーニュのクロード・ヴァージョの古城で、「シュヴァリエ・ド・タストヴァン」(ワインの騎士)という国際的に最も名誉のあるワインの称号を授与された。その直前、私共の事務所は、恒例の秋の旅行にF社のワイン工場を訪れ、数々の上等なワインで歓待されたのだった。

▼プレイボーイの兎のマーク——弁護士のあり方

プレイボーイ社の有名な兎のマーク（ラビット・ヘッド・デザイン・マーク）がある。お月様と兎、兎のもちつき、白い兎など、兎について好ましいイメージが多いから、日本には兎に関する登録商標も多い。そのため、プレイボーイ社の兎のマークは戯人化したユニークさがあるにもかかわらず、特許庁からなかなか登録を許可して貰えない。これをよいこととして、自分がプレイボーイ社の兎のマークの所有者であると称して、商標ライセンスを名古屋にある数社に与え、商品化事業に乗り出したものがいた（Yということにしよう）。Yは自ら商品の製造販売を行っているわけではないから、私がどんなに頑張ってみても、東京地方裁判所から取得できた仮処分命令は、第三者に兎のマークを使用させてはならないという趣旨のものであった。

もちろん、私は、これに引続き、ライセンスをうけた名古屋の会社を相手どり名古屋地方裁判所に別途仮処分申請をし、即日、製造販売禁止の仮処分命令を得た。ところが、イミテーションの勢いは衰えないどころか、東京で堂々と展示会が開かれている。私はY等の弁護士にY等を説得して貰うつもりで電話をし、唖然とした。「Yは他人にマークを使用させることを禁じられているだけなので、今後Y自身の名義で製造販売します」というのである。Yはその弁護士の作成した鑑定書まで添付して、はでにイミテーションを売りまくっている。

私は三度目の仮処分を東京地方裁判所に申請した。今度は、クリスマスの日、Yが単独又は共同で「エプロン、Tシャツ、……等の衣料、茶碗、皿及びそのセット……等の食器類、鍋敷、コップ敷……等の日用品」に兎のマークを使用してはならないという、考えられる最大限に広い仮処分命令を取得することができた。そして一二月二七日、先に名古屋で行った仮処分の点検と東京での仮処分の執行を同時に行う両面作戦が効を奏し、トラック二台を何度も往復させる量のイミテーションを執行官の保管に移すことができた。その蔭には、同僚の名古屋在住の弁護士、同じ事務所の弁護士、弁理士、事務員みんなの熱い協力があった。疎明資料を夜一一時四五分までかかって整理して貰ったことも、車を降りてから裁判官室まで、疎明資料の原本を男性三人の手押車で運んで貰ったこともあった。Y等の当初の代理人は間もなく辞任し、後任の弁護士は、事態収拾のために受任したと挨拶に来られた。そして、その言葉のとおり、誠意をもって和解のための努力をされたのであった。

八　エピローグ

出勤してきたKさん（高齢者事業団から紹介された七四歳の婦人である。教養があり、人柄がよく、健康で働き者である）に留守中の家事を託して家を出る。門を出ると、頭のスイッチを事務所用に切り換える。このオン・オフがきちんとできない間は、私の仕事も本物ではなかったように思う。また女性弁護士としての問題は四〇代に入る頃から生じるように思う。二〇代、三〇代は、男性でも女性でも、大事務所にいる限り補助者的存在でありうるからである。私自身は一本立ちへの移行をあまり深刻にならずに果たすことができた。男女を普段意識しないで仕事をしていたからかもしれない。先輩、同僚、後輩にめぐまれたからかもしれない。しかし、仮りに私が女性であるという理由で私から離れて行った依頼者がいたとすれば（いなかった筈はない）、私はむしろその人を憐みたいような気がする。なぜなら、その人は私が創造主から与えられた折角の能力を偏見のため使用できなかったのであるから。

女性であっても、男性であっても、弁護士として重要なのは、その人の能力・識見である。工業所有権制度はもともと合理的精神が生み出したものであるから、本来、国際性は強いが、さらに、取引圏の拡大は渉外的紛争を多くし、工業所有権侵害行為も多国籍化している。

さらに、新しい技術は新しい法律問題を各国に提起し、関連法域をますます拡大している。従って、この分野を専門に選ぶものは、特に、国際的視野をもって産業界を観察し、また、法の不備に挑戦して、新しい判例あるいは法律をつくり出す程の強い研究心と精神力が必要である。新規で難解な技術に取り組むたくましさや、短い時間に判断を下し、テレックス等で意見交換できる機敏さも持たなければならない。さらに、外国法と外国語の知識は多ければ多い程好ましい。私も気持を新たにして、これらの条件に適うように、さらに努力を重ねていきたい。しかしそれ以上に、志を同じくする若い優秀な人達をこの分野に迎えたいと思う。

12 女性による女性のための法律事務所
——婦人総合法律事務所の活動から——

笠原郁子（弁護士）

昭和29年名古屋大学法学部卒業。昭和32年弁護士登録。現在、東京家裁調停委員、参与員。東京都中央労政協議会委員。習志野市法律相談員、同福祉問題審議会委員。『知って得する女の法律』、『法律の知恵』（共著）。

一 共同法律事務所の誕生

六人の女性弁護士が集まった法律事務所——名付けて婦人総合法律事務所——は、昭和四〇年一二月一日、神田駿河台の主婦の友ビル内に開設された。私はその創設者の一人である。

当時、女性だけの共同法律事務所は全国ではじめてのこととあって、新聞、ラジオ、テレビなどで紹介された。その反響は思いがけないほど大きく、開所第一日目には数十人の相談者が訪れた。目の廻るような忙しさの中で、所員一同、事務所開設の意義を今更のように痛感させられた。

開設当初、女性が三人よれば何とやらのたとえもあり、まして六人では、いつまで持続出来ることかと、陰ながら心配して下さった向きもあった。しかし、現在まで一七年、六人で討議を重ね、協力し合って、多くの問題を乗り越え、その存在を確固たるものにしてきた。今日では、この事務所の分散を危惧する人は、唯の一人もいない。そればかりか、私達の事務所の活動を知り、これに続こうと何人かの女性弁護士で共同事務所をもつ人達も出てきている。

二　共同法律事務所の目指したもの

私達は、何のために、何を目指して、女性だけの共同法律事務所を開設したのか……。私達がこの事務所によって目指したものは、次のようなものであった。

▼気軽に相談できる事務所をめざして

誰でも、いつでも、安い費用で相談が出来、必要があれば、その後の示談交渉から訴訟、執行にいたるまで、一貫して受任するシステムをそなえた法律事務所にする。

今日の如く、法制が複雑となり細分化され技術化されてきた社会で、市民の権利が本当に守られるためには、まず、市民があらかじめ法律を知り、自らその法律を生かす努力、あるいは権利侵害を未然に防ぐ努力をすることが必要である。そして、一旦権利侵害が生じた場合には、早く適切な対応処置がとられねばならない。

しかしながら、従来、一般市民と弁護士との間には遠い距離があった。市民にとって、弁護士というものは、裁判になってしまった時に止むを得ず頼む技術者で、法律事務所は、誰かの紹介で訪れるものであった。

そのため、かかりつけの医師をもつように身近に気軽にすぐ相談出来る弁護士をもつ市民は殆どいない。だから事件になる前にあらかじめ弁護士に相談するとか、事件が起きてからでも、早目に相談するということが出来ない。事件がすっかりこじれそうになってから、あわてて友人知人を訪ね歩き弁護士を紹介してもらう。そうしてやっと紹介された弁護士のところへたどりついた頃には、手遅れということになってしまう。

また、市民にとって、弁護士の費用もわかりにくいものであった。そのため、弁護士に相談するといっても、費用がどの位かかるかが不安で、相談にいくことを躊躇する。そのうちに、結局、時機おくれになってしまうことになる。

一方、弁護士の方も、普通の法律事務所では、弁護士が相談に訪れる人のために、常時、事務所に待機しているわけにはいかない。そのため、いつまでも相談者が希望する時に、相談にのるということが出来ない。

更に、折角、法律相談をしても、相談だけで終わって事件処理までやらないということになると問題が残る。相談者にとっては、新たに、事件処理のための弁護士を見つけて頼まなければならず、二重手間になるし事件解決も遅れる。他面、相談に乗る側も、解答が無責任になるおそれがある。

市民の権利を守るために、事務所の共同化によって、誰にでも安い費用で気軽に相談に乗って、事件処理まで一貫して責任をもつ、そういう市民に開かれた法律事務所をつくりたい。これが、私達の第一の目的であった。

▼女性の、女性による、女性のための法律事務所

法の下の男女平等がうたわれてから、すでに四半世紀もすぎようとしている。にも拘らず、家庭に職場に社会に、男女差別は根強く残っている。これをうち破るには、女性自身が自覚的な権利意識をもち、主体的に権利実現のために行動していく以外にない。

しかしながら、従来、女性は経済力の弱さから、なかなか弁護士に相談も出来ず、権利を守るために弁護士に訴訟を依頼することなど容易なことではなかった。また、かりに、女性が自己の権利を守るために、勇気をもって法律事務所のドアーを叩いても、男性弁護士からは、兎角敬遠されがちであった。女性の依頼者は感情的で自己決断が出来ない上、気が変わり易く無責任だというのである。

だが、このような女性の弱さ、欠点といわれるものは、女性達が、長い間、家庭にとじこめられ他に依存して生きることを強いられてきたことの止むを得ざる結果である。同性の弁護士である私達は、女性達に手をさしのべ、あるがままの状態の彼女達を真向から受けとめて、彼女達の権利を守るため

に出来る限りの協力をしていく社会的責務がある。

事務所の共同化によって、力を合わせ、女性の権利擁護と男女平等実現のための法律センターをつくりたい。これが、私達の第二の熱い想いであった。

▼仕事と家庭の両立をはかって

弁護士は、依頼者の権利を守るという重要な職務を荷っている。いささかの手抜きも許されない。しかしながら、女性弁護士も社会一般の例外である筈はなく、女性弁護士は家事育児の責任を一身に背負わされている。その制約をもちながら、本来の業務に支障を来たさず、依頼者に対する責務を果たすにはどうすればよいか。同じ立場にある女性弁護士同志が事務所を共同化して、仕事の面で協力しカバーし合っていくことによって解決をはかってみよう。

私達は、共同法律事務所という形で、女性弁護士として、あくまで仕事を続けながら家庭責任も果たしていくための、当面の、現実的解決をはかろうとした。これが第三の目的である。

▼より広い活動をめざして

事務所の共同化により生ずる余力を生かし、各弁護士の活動分野を広げ、ひいては女性弁護士全体の活動分野の拡大をはかる。

多様化する社会においては、弁護士は、法律相談、訴訟活動など、司法の分野での本来の業務活動にのみ、とどまっていることは許されない。積極的に、専門的知見と実務的経験をもった、人権と社会正義を守るオピニオンリーダーとして、社会活動、行政活動、立法活動に参加していくことが要請される。

しかしながら、今日の男性管理社会においては、女性弁護士の活動領域は、まだまだ狭い。

共同事務所には、相互協力と事務所経費節減という、大きなメリットがある。これは、個人事務所の場合よりも、はるかに多くの時間的・経済的余裕を各弁護士に与える。この余力を生かし、六人の弁護士がめいめい特色を生かしながら、積極的に活動分野を広げる。それは、女性弁護士全体の、活動拡大と社会的地位の向上の一翼をになうことにもなるであろう。これが、私達の第四の目的である。

三　共同法律事務所の活動

▼事務所の構成

事務所は、開設後、満一七年になる。この間、事務所のスペースは、当初の二倍近くに拡張された。メンバーは、当初の六人の中の三人が、それぞれの事情で若い世代の三人と入れ替わった。今春は更に、司法修習を終わったばかりの若い女性弁護士が一人増え、合計七名となった。

▼事務所の運営

事務所の運営方針は、毎月一回開かれる定例事務所会議で決定する。この会議には、七人の弁護士が全員参加する。一人をのぞき各弁護士の立場は平等である。

運営上の事務は、各弁護士が、順番に、議長、経理、人事、広報、統計、庶務の仕事を分担して行う。

その他、緊急事項については、随時、事務所会議を開いたり持ち回り方式をとったりして、審議決定する。

▼活　動

事務所開設の目的に向かって、私達は、どこまで何をしてきたか。私達の歩みは、試行錯誤の繰り返しであった。今日、まだ、目標の達成には程遠い。しかし、社会の情勢も徐々に変わりつつある。先輩・同僚の諸姉から、今後の活動の仕方について御指導をうるため、ここで、私達の現段階の状況を、率直に報告することにしたい。

〈第一の目的――市民に開かれた法律事務所――へ向かって〉

法律事務所に相談者が訪れるルートは、二本立てになっている。一つは、個々の弁護士との縁故により、特定の弁護士を指名してくるルート、もう一つは、いわゆる飛び込みで、事務所へとくるルートである。

この事務所へとくるルートは、何らの紹介もいらない。すべての相談を希望する人に、門戸は開かれている。相談者は、口《クチ》コミや、電話帳、雑誌や新聞の相談記事などから事務所を知って、自由に事務所へ訪れることが出来る。

事務所には、いつでも相談に応じられるよう、七人の弁護士が交替で待機している。相談者は、電話による予約で、自分の希望に応じた相談日時をきめることが出来る。一度事務所を訪れた人は、つぎからは、同じ弁護士に何でも気軽に相談することが出来る。気易く相談に来られるということから、事が起きる前に、予め相談に来るという例も多い。

相談料は、電話予約の際に、一件、一時間、いくら、とはっきり伝える。事務所の入口にも明示してある（開設当初は二〇〇〇円、現在は七〇〇〇円）。この、時間を区切って一件あたりいくらという相談料の明示方法は、相談者に費用についての不安を抱かせないだけでなく、相談の仕方が能率的になる。相談者は、あらかじめ参考資料と質問事項を用意して訪れ、一定時間内に実のある相談が出来る。相談者にとっても弁護士にとっても好都合である。

相談者が、法律相談につづいて事件処理の依頼も希望する時は、相談を担当した弁護士と、一定の順序で選ばれたもう一人の弁護士の二人で事件を受任する。この二人制は、二人の弁護士が知恵と力を出し合って事件を処理する点で、依頼者の利益を迅速かつ完全に守り易い。

最近、弁護士会、地方公共団体、あるいは私的団体などが、その必要性を認め、こぞって無料あるいは有料の法律相談を行うようになった。法律相談花盛りの感がある。婦人総合法律事務所は、この先鞭をつけたものである。一つの重要な役割を果したことを誇りに思っている。

〈第二の目標——女性の女性による女性のための法律事務所——へ向かって〉

(1) 事件処理を通じて

婦人総合法律事務所は、女性の権利を守る活動の基本を、弁護士の本業である、一つ一つの事件を通じて女性の権利を守り確立していくということに置いている。

事務所が取り扱う事件は、特定の弁護士を指名してくるルートの場合には、女性弁護士だからといって事件の種類内容が限定されるということはなく、一般民事事件、刑事事件のほか、交通事故、医療過誤、消費者問題、少年非行、労働者の権利の問題など様々のものがある。しかし開かれたルートから事務所へとくる事件については、夫婦関係、相続、遺言などの家事事件がとりわけ多い。家事事件の取り扱い件数は、他の法律事務所の追随を許さないと自負するところである。家事事件の依頼者の大部分は女性である。

女性の依頼者から家事事件の依頼をうけた場合、私達は次のような取り組み方をする。

まず第一に、ゆっくりと時間をかけて当事者の話を聞く。そしてその中から、事実関係と、本人や周囲の人々の気持、解決についての考えを正確に把握する。続いて裏付証拠の収集をする。その上で、当事者に、置かれている法律上の立場、権利をきちっと知らせる。そして繰り返し、当事者と権利をよりよく守るための方策について協議する。このようなやり方は、勿論、どの種類の事件にも共通して必要なことである。しかし、社会的な経験不足から、感情的で決断のしにくい女性が、弁護士まかせでなく、自分自身の問題を、理性的に、自分が中心となって解決していくために、私達は、意識的にこのような努力をするのである。

第二に、最大限によい結果を得るために、最善を尽くす。これも、依頼者の利益を守るために、どの種類の事件についても当然あるべき態度であろう。しかし、家事事件において、女性の依頼者がよりよい結果を得ることは、その当事者の権利が守られるだけではない。女性全体の権利を着実に高めていく上で大きな影響がある。私達は、常にこの認識で真剣に努力をするのである。

第三に、事件進行の経過の中で、折にふれ、当事者と人間としての権利、主体的な人生の生き方について話し合う。そして、当事者が、自立して前向きに生きていけるよう相談相手になる。

このようにして事件が終了したある晴れた日、裁判所を出て、当事者と一緒に日比谷公園を歩く。「今迄、私はこの公園がこんなに明るく美しいとは気がつきませんでした。元気よく生きていきます。先生も、どうか女性達の権利を守るために頑張って下さい。」と、さわやかな声で当事者が語ってくれる。この時は、私達は、心の底から自分が弁護士であってよかったと思う。この喜びが、私達の明日への歩みを支えていく。

この家事事件について一七年間にわたり六名の弁護士が積み重ねて来た地道な活動の集積はぼう大である。そしてそれぞれの時代の人々の考え方や生き方を着実に反映している。この蓄積は家族に関するさまざまな問題を取材するマスコミにとっても大きなよりどころとなっている。

(2)　啓蒙活動によって

婦人総合法律事務所は、女性の権利を守る活動として、一般女性の権利意識向上のための啓蒙活動にも、相当の力を注いでいる。

事務所には、政府、地方自治体、各種婦人団体あるいは企業や労働者の団体などから、いれかわり立ちかわり、女性を対象とした身近な法律や女性の諸権利についての講演依頼がくる。また、法律関係の単行本や雑誌、新聞などからの原稿依頼も枚挙にいとまがない。私達は、女性の法律社会への主体的参加に、少しでもお役に立てるならばと、よろこんで引き受ける。そして全員で分担し、事件処理の合間を縫って、一生懸命、話し、書く。

とくに、国連婦人の一〇年の設定以後は、婦人に対するあらゆる差別撤廃条約をめぐるさまざまな問題や、妻の相続権にかかわる民法改正をはじめとする国内法の改正問題について、精力的に全国各地で講演を続け、女性のための弁護士活動を通じて得た様々なものを力一杯語り続けてきた。

この間、事務所独自の出版物としても、女性のための法律書、『知って得する女の法律』（毎日新聞社発行）、『生活に役立つ法律の知恵』（主婦の友社発行）、『働く前にお母さん――パートタイマーの権利』（リヨン社発行）の三冊を共著で出した。

なお、テレビの人生相談を、二年間、六人交替でつとめたこともあった。ラジオのテレホン相談を、目下担当中の弁護士もいる。

〈第三の目標――女性弁護士自身の仕事と家庭の両立を容易にする――へ向かって〉

事務所開設当初の六人の弁護士は、すべて既婚者であった。夫の職業は、学者、弁護士、会社役員、団体役員、銀行支店長などさまざま。子供は、一八歳から三歳まで、殆どが小学生、幼稚園児という状態。その後、三人のメンバーの入れ替わりがあったが、一人の独身者を除いて、他は、やはり、夫持ち子持ちである。各弁護士は、お手伝さんを傭ったり、親や姉妹の協力を得たり、保育所を利用したりしながら、懸命に仕事と家庭の両立をはかっていた。

この両立をやり易くするために、婦人総合法律事務所は、二つの方策をとっている。

一つは、弁護士相互の間の、仕事の協力である。

ある弁護士が夫や子供の看病、あるいはＰＴＡの活動、授業参観、運動会、学芸会、遠足付添いなどの参加のため、仕事を休まねばならない時など、一緒に事件を担当しているもう一人の弁護士が、とどこおりなく仕事を処理する。時には、他の弁護士も助人になる。いささかも、依頼者に迷惑をかけはしない。現に二番目に若い弁護士は、昨秋第三子を出産した。そのため産前産後の休暇をとり、その後も一時期半育児休業状態にある。仕事へ完全に復帰出来るまで、他の弁護士がかわって仕事を続け、きちっと依頼者に対する責任を果たした。また過去に於ては、夫と共に国外に於て研鑽をつむ機会を得た弁護士が二年三年という期間事務所を離れ再び復帰するまでの間、他の弁護士がその仕事をうけついで果たしたことも何回かあった。共同事務所ならではの、必要に応じた助け合いである。この助け合いは、単なる仕事を助け合うということだけではなく家庭責任を果たしつつ仕事を続けていく上での大きな精神的はげましになっている。

もう一つは、土曜日と日曜日を休日とする完全週休二日制の実施である。

最近では、法律事務所も、隔週の週休二日制をとるところが次第に増えてきた。が、しかし、まだ完全週休二日制をとり入れているところは少ない。
そんな中で、婦人総合法律事務所は、互いに協力し合うことによって、業務を合理的に能率的に処理するように努め、毎週、土曜日と日曜日を休日とする完全週休二日制をとっている。各弁護士は、この連続二日の休日を生活環境に応じて利用する。子育てをしている弁護士は一週間の間にやり残した家事を処理し、夫や子供とゆっくり休息をとり、翌週、再び元気一杯仕事につく。子育てを終えた弁護士は更に専門的な研究をしたりあるいは自分が関心をもつ幅広い分野の研究に打ちこむ。もっと余力のある弁護士は趣味のための機会にもする。週休二日制はより豊かな弁護士生活をつくり出すのに大いに役立っている。

〈第四の目標——共同事務所のメリットから生ずる余力を生かして広い活動——に向かって〉

七人の弁護士は、共同事務所のメリットである時間的経済的余裕を生かして、積極的に多面的な活動を展開している。
二人の若い弁護士は年齢の点で資格がないが、その他の弁護士は全員家庭裁判所ないし地方裁判所の調停委員をしている。日本調停委員連合会関係で調停委員の研修指導にあたっている者もいる。弁護士会の活動も日本弁護士連合会、単位弁護士会の各種委員会、例えば女性の権利委員会、公害対策委員会、人権委員会、職域対策委員会、消費者問題委員会、司法修習生対策委員会など色々な委員会活動に参加している。常議員としても活動している。地方自治体などの行政官庁関係でも、早くから法律相談員、教育委員、公害対策審議会委員、福祉問題審議会委員、労政協議会委員などに選任され活動している。また女性法曹の先きがけという立場から女子学生の法曹への道をひらくために大学で講師をつとめている者もいる。

その他、国際的な法律家の交流にも、出来る限り参加するよう努力している。将来は国連関係の委員会活動にも参加していきたいと考えている。

また、数年前から、事務所の一角を、日本婦人法律家協会（女性の弁護士、裁判官、検察官、法律学者の団体。約四五〇名加入）の事務局用に提供すると共に副会長や幹事として任務を果たし協会員の活動の拠点としての役割をになっている。

四　私と婦人総合法律事務所

今思い返して見ると、私は、小さい時から、不平等なことにはどうにも我慢ならないというところがあった。その意味では、私が弁護士になったのは、なるべくしてなったということになるのかも知れない。しかし私が弁護士になった直接の原因は、昭和二九年大学を卒業しようとして四年生の女子の大学卒業生に対する企業の採用拒否に出会ったことにある。止むを得ず、男女平等に受験させる司法試験にいどんで弁護士になったとき、私は、生涯を、社会的弱者、特に女性の権利を守る弁護士として活動しようと決心した。

そして弁護士になって数年間、男性弁護士が一〇名程度、女性弁護士は私一人という、労働事件を主とした法律事務所で仕事をした。労働事件の取り組み方と共同法律事務所の機能について学ぶことが出来た。その中で、女性の権利を守るためには、女性の弁護士が集まって、女性のための法律センターをつくっていく必要があると考えた。そこで、長男を出産後、数名の女性弁護士に婦人弁護士だけの共同法律事務所の開設を呼びかけた。しかし、まだ時期尚早というか、同じ志の仲間を見つけることが出来ず、陽の目を見るにいたらなかった。

やむなく、私はとりあえず一人で麹町に事務所を開設した。ところが、私が一人でビルを借り事務所を開いたことは、可成り大胆なことであったらしい。先年逝去された、女性弁護士の大先輩の久米愛さんが「勇敢ねえ」と驚かれたことを憶えている。その頃、女性弁護士は、男性弁護士と共同の事務所か、いわゆる自宅事務所で仕事をするのが普通であった。まだ絶対的少数者であった女性弁護士に対する社会の信頼はうすく、従って女性弁護士は事件数も少なく、経済的に一人で事務所を維持することがむつかしかったのである。

麹町時代、私もこんな経験をしたことがある。知人の紹介である男性から極く小さな刑事事件の弁護を頼まれた。私は、自分に対し、当事者がどのような気持を抱いているか全く気づかなかった。ただ、無罪を証明する証拠集めにかけずり廻った。そして裁判の最終弁論の時、無罪を主張して二時間ばかり当事者の弁護をした。その結果、幸い無罪判決が得られた。その直後のことである。当事者が私に告白をしたいと言って次のように語った。

「実は、今だから申しますが、私は知人から先生を紹介された時、てっきり男の弁護士だと思いました。それで事務所へやってきたのですが、入口の看板に女性弁護士の名前が書いてあったのでびっくりして帰ろうと思いました。しかし紹介者の手前もあるので、全く会わないのもいけないと思い直し、中へ入りました。すると、また驚いたことに女性弁護士といってもまだ三〇歳そこそこの人です。私はとても頼りにならないのではないかと思い、やはり帰ろうと考えました。でも、紹介してくれた知人のことを考え、えいままよとばかり弁護を頼むことにしました。しかしどこまで弁護をしてもらえるか、率直に言って不安でした。その後、先生が一生懸命証拠集めをして下さる姿をみて、少しずつ大丈夫ではないかと思いはじめました。そして最終弁論の時、先生が二時間もかけて無罪を主張して下さるのを聞いて、これだけ弁護してもらえば、どんな判決が出ようとも満足だ。先生に弁護を頼んで本当によかったと思いました。私がずっと先生に対して失礼な気持でいたことを、心からお詫びします」。

私は、この時、女性弁護士が信頼されるためには、男性の弁護士の二倍の時間と努力がいることを、つくづく知ったのである。

麴町時代は苦しかった。しかし、麴町時代のきびしい経験は、すべて、次の目標を実現するための実力づくりとして役立った。

麴町に事務所をかまえて満三年を迎える頃、私が自分の夢を話したことのある、婦人総合法律事務所の創設者の一人の弁護士から、「主婦の友ビルが建築中である。あそこで、女性弁護士の共同事務所をつくらないか。」という話が来た。私は勿論、即座に賛同した。

六人のメンバーが揃い、婦人総合法律事務所の開設となったとき、私はようやく自分らしい弁護士活動の緒についたことが嬉しかった。

それから一七年、婦人総合法律事務所の現状は先に述べたとおりである。

今や国連婦人の一〇年、婦人に対するあらゆる差別撤廃条約の採択と国際的な婦人解放運動は大きく動いている。国内的にも、女性の人間的自覚と権利意識が大きく進み男女平等実現を求める声も高くなっている。女性弁護士に対する社会の信頼度も厚くなり、女性弁護士への期待は一段と大きくなってきた。

大きな歴史の流れを感じる。再び皆で力を合わせ、婦人総合法律事務所の内容を充実させるとともに、一層社会に向かって時代の要請に答え得る活動を展開していきたいと思う。

13

ニューヨークの法律事務所の一員として

——日米法律まさつをほぐす役割——

伊藤廸子（弁護士）

昭和45年東京大学法学部卒業。同47年弁護士登録（第二東京弁護士会）。49年ワシントン大学法学修士取得。51年ニューヨーク州弁護士資格取得。現在、ミラー・モントゴメリー・蘇木・アンド・ブレイディ法律事務所勤務。

一　アメリカの法律家

▼法律家の養成

法律家はアメリカの社会で最も重要な役割を果たしてきた。法律家として成功した者は権力と富をあわせもつことができ、立法府、行政府で主導的役割を果たし、大企業や金融機関を牛耳ってきた。アメリカ社会で法律家がいかに大きな力を持っているかは、現在の上院議員の三人に一人が法律家であり、歴代大統領の半数以上が法律家であったことが物語っている。こうした特権階級ともいえる法律家をめざす若者の数は増加の一途をたどり、一九八〇年には法律家の総数は五三万五、〇〇〇人となった。人口四〇〇人に一人の割合で法律家がいることになる。これでは供給過剰である。一九八〇年の法律家の需要は四一万六、〇〇〇人であるというから、ざっと一一万九、〇〇〇人が失業あるいは法律家以外の資格で働いていることになる。

法律家の資格をいかなる方法によりいかなる人に与えるかは各州の最高裁判所が決定する。連邦政府には法律家の資格を与えその数をコントロールする機関はない。現在アメリカで法律家になる最も一般的な方法は、大学を卒業した上で法律家養成のための専門教育をするロースクールに通って法律学位を取得し、各州の行う司法試験に通ることである。無事司法試験に合格して法律家となった者は、大学教授、弁護士、裁判官、検察官、政府弁護士、企業内弁護士の中から自分に適した仕事を探していく。アメリカにはキャリアの裁判官、検察官というものはなく、連邦および州の裁判官および検察官は経験豊かな法律家の中から、知事または大統領が任命するかまたは選挙で選出される。

▼アメリカの弁護士——その現状と問題点

近年の経済成長はアメリカの法律を著しく複雑にした。その結果、弁護士も法律のすべての分野を取り扱うことができなくなり、訴訟を専門とする者、会社法、税法を専門とする者というように専門化していった。弁護士の供給過剰および専門化は弁護士の活動形態を大きく変化させた。個人の開業者が減り、さまざまな分野のサービスを提供できる大法律事務所に勤務する弁護士がふえ、その結果一〇〇人を超す弁護士を擁する大法律事務所が数多く誕生した。現在法律事務所に勤務する弁護士は、開業弁護士の半数以上を占めている。

専門分野を異にする数人の弁護士がパートナーシップを組んで経営する比較的規模の大きい法律事務所は一般的にローファームと呼ばれている。ローファームは経営者にあたるパートナーと給料をもらって仕事をするアソシエイトから成り立っている。ロースクールを出たてのアソシエイトは法律の調査をしその結果をメモにしてパートナーに提出するという作業をくり返しやらされる。通常一つのプロジェクトを専門を異にする数人で分担するので、アソシエイトにはプロジェクトの全体像がつかめない。直接依頼者との接触が無いので依頼者が自分の調査結果に満足しているか否か分からない。多くのローファームでは、税法、会社法、遺産管理、訴訟、証券、労働法、破産法など専門分野ごとにアソシエイトを配属するので、アソシエイトは自分が配属された部門を自分の専門とすることになる。事務所に入って三～四年も経つ頃には依頼者に会うこともできるようになり、六～一〇年経つとパートナーに昇格させてもらえるようになる。ただし、パートナーになれるのはごく僅か（二〇％）なのでアソシエイトは事務所に入った時からパートナーをめざして熾烈な競争を繰り広げる。第一、六年も一つの事務所にいられるとは限らない。事務所の方は経費を削減するため、ごく一部の優秀なアソシエイト以外はどんどん解雇し、ロースクールを出たての弁護士をより安い給料で雇っていくからだ。競争に勝ち残るためアソシエイトたちはより多くの時間を仕事に費やすようになる。ウォール街の事務所のアソシエイトになると二週間事務所で寝泊りしたなどという話は珍しくない。さらに競争が激しくなると仕事の上で競争するにとどまらなくなり、パートナーに迎合する者、競争者の足を引っぱる者などがでてくる。最近こうしたアソシエイトのあり方が反省されてきているが近い将来に変化がおこるとは思われない。

弁護士の過剰生産は法律事務所間の競争を激化させた。どの事務所も、よりよいサービスをより迅速に提供しようと近代的設備をとり入れ、多くのアソシエイトを採用していく。競争相手より優秀なアソシエイトを採るため多額の給料をおしまず支払う。それにともない事務所の経費も膨大になり、それをカバーするため弁護士費用を値上げする。さらに、より多くの依頼者を獲得しようと奔走する。支払い能力のない依頼者など見向きもしない。弁護士の頭の中はいかにして金もうけをしようかでいっぱいで、自らは社会正義の担い手だなどという自負も観念も存在しないようだ。最近、こうした事務所の最も大きな依頼者である企業は、天井知らずに値上がりしていく社外弁護士の費用を削減するため社内弁護士を多く採用し、社外弁護士に依頼する事件を選択しはじめた。そのため大事務所の経営方針も転換を迫られているという。

専門化の進む中で、大事務所のむこうをはって個人で開業していくのはかなり困難である。アメリカの法律は連邦法と州法の二重構造でしかも判例法の体系だから、判例集や法令集を買い揃えるなど開業の費用もばかにならないからだ。自然と個人開業者は郊外で不動産、遺産管理、小さな訴訟事件などの限られた業務に従事することになる。

最近三五歳以下の弁護士二、七五〇人の意識調査をしたところ、その四〇%が、現在の仕事に不満を持っているといい、現に他の職業に転職した者も相等数あるという。ウォーターゲート事件のもたらした国民の弁護士に対する不信感、弁護士の供給過剰のもたらした過当競争など、アメリカの弁護士はいま前代未聞の試練をうけているといえよう。

二　アメリカの女性法律家

▼女性法律家のあゆみ

アメリカでも法律家は伝統的に男性の職業とみなされてきた。そのため女性の進出に対する壁は厚く、最初の女性法律家が誕生したのは建国以来一〇〇年を経た一八六九年であった。ロースクールの多くは、長い間女性に対して門を閉ざしており、比較的早くから女性の入学を許可していた一部のロースクールでも実際に入学できた女性は近年までごく僅かであった。ハーバード大学のロースクールが女性に門戸を解放したのは実に一九五〇年である。

最初の女性法律家が誕生して以来、女性法律家は徐々に増加してきたが、その数は僅かであった。女性法律家が飛躍的に増加したのは、六〇年代の女性解放運動が成果を表わし始めた七〇年から八〇年までの一〇年間で、この間に女性法律家は一万三、〇〇〇人（四%）から六万二、〇〇〇人（一二・四%）に、ロースクールの女子学生は七、五〇〇人（八%）から四万二、〇〇〇人（三三%）に増加した。一九八一年現在、女性法律家は約七万人で全法律家の一三％をしめている。

六〇年代までは、数多くの障害を乗り越え、優秀な成績でロースクールを卒業して法律家になった女性たちもさまざまな差別に遭遇し、多くは差別の比較的少ない政府機関に政府弁護士として勤めたり、法律事務所で裁判の下準備のような単純な仕事をしたりしていた。七〇年代になって新しいタイプの女性法律家が数多く誕生し始め、検察官、裁判官、大学教授になる者、大企業の法務部や、最も閉鎖的とされていたウォール街の大法律事務所に勤務する者、がでてきた。現在大企業の法務部の弁護士の二〇％を女性が占めており、ニューヨークの最大手の三六の法律事務所で働く女性アソシエイトは六〇〇〇人（一二％）になっている。また一九七〇年には六六人（二・二％）にすぎなかった女性のロースクール教授も一九七九年には五一六人（一〇・五％）にのび、各ロースクールに最低一人は女性教授がいるようになった。さらに数字はやや古くなるが、一九七六年には連邦政府の検察官の一七・三％にあたる三〇五人が女性であった。

このように女性法律家は各方面へめざましく進出しはじめたがまだまだ「下働き」が圧倒的で、裁判所や弁護士界のトップクラスに進出している者は極めて少ない。例えば、一九七六年のニューヨークの最大手三六の法律事務所のパートナーの総数は一、五二〇人であったが、女性パートナーは僅か三九人であった。さらに、いまだに女性パートナーが一人もいない事務所も数多く存在している。

法律事務所に働く弁護士の場合、男女とも初任給は同額であるが年月が経つにつれ金額に開きができ、また専門分野にも大きな差が出てくる。男性弁護士が法廷ではなばなしく訴訟活動を展開したり、大企業を相手に契約の交渉をしたりするのに対し、女性の場合は不動産、遺産管理、少年・家庭事件、訴訟の下準備など、地味で単純な仕事に従事させられていることが多い。

一九八一年九月二五日、サンドラ・D・オコナー女史が女性として初めて連邦最高裁判所判事に就任し、アメリカ裁判史に輝しい一ページを飾ったが、全体からみると女性判事の数は少なく、連邦裁判所の女性判事は四五人（六・七％）で、一州に二、三人いるところもあるが、皆無の州もまだ多い。州レベルの裁判所を入れると女性判事は七二七人であるがこれは全体の五％にすぎない。ニューヨーク州では、連邦、および州の裁判所の判事のポストは一、〇〇〇以上あるが、女性は僅か八八人。控訴審のレベルではたった三人である。

新しいタイプの女性法律家たちは、終日労働も休日出勤も厭わず男性と互角に仕事をすることで女性に対する偏見をはねのけ、男性と同等の扱いを受けられるよう努力を続けてきている。こんな彼女たちがトップクラス進出の壁をつき崩すのは遠い先のことではないだろう。

▼私の出会った女性法律家たち

同じ事務所で働く仲間たち、弁護士会の活動を通して知りあった仲間たちなど、私が知り合ったアメリカ人女性弁護士は数知れない。彼女たちの多くは二〇代後半から三〇代後半までで、いずれもしっかりした、豊かな家庭の出身である。一見おっとりしているが、芯は相当強いらしく、男性と互角に仕事をこなしていた。

そんな仲間の一人に、私がアメリカに来た当初働いていた事務所にいた黒人の女性弁護士Pさんがいる。彼女は非常に優秀で最年少で大学を出ていた。卒業後しばらく会社で働いてからロースクールに入り、弁護士になった。父親よりも母親の方が学歴が高く（黒人のプロフェッショナルを生み出す家庭の多くはこのパターンだという）、彼女は母親を非常に尊敬していた。弁護士になったのも母親の影響があったからだという。高校の頃から積極的に種々の活動に参加してきた彼女には、法律の調査や契約書の作成という単調な仕事は肌に合わなかったのであろう。黒人の解放運動に力を入れたいといって、一年足らずで事務所を去っていった。

ニューヨーク市弁護士会の活動を通して知り合った税法専門のBさん。彼女は最近訴訟専門の男性弁護士二人とパークアベニューに自分の事務所を開いたばかり（パークアベニューには権威のある法律事務所がずらりとならんでおり、ここに新しく事務所を開くのは容易なことではない）。それまではやはりパークアベニューの、一〇〇人ほど弁護士を抱えている大きな事務所のパートナーであった。自分の事務所を開くにあたって不安が無かったと云えば嘘になるであろうが、独立して間もなく大きな事件が入り、アソシエイトを何人か雇うまでになったと、目を輝かせて語ってくれた。

知り合いの女性弁護士は数多いが、仕事の相手方として知り合ったのは今までのところDさんただ一人である。彼女はパークアベニューにある著名な事務所のアソシエイトである。アソシエイトにしてはやや年がいっているなと思っていたら、弁護士になるまでずっと雑誌の編集をしていたのだと話してくれた。彼女とは著作権のライセンス契約の交渉をしたのだが、その細かいことには驚かされた。

一滴の水ももらさずという感じである。また彼女は非常に厳格である。私の依頼者が、日本から手土産として七宝焼の小皿を渡したところ、翌日になって、「一晩考えたが相手から物をもらうのは弁護士倫理に反するから」と云ってその小皿を返してきた。

G社の社内弁護士として働くLさん。彼女とはG社が日本の企業との販売代理店契約の交渉をする過程で知り合った。彼女は、国連のような国際機関で働くか、大学で外国語を教えたいと考えて仏文学の修士までとったのだが、当時の就職難で方向転換をし弁護士になったのだという。コネチカットの小さな事務所で二年ほど働いたあと、いくつかの大企業の法務部で働いて、二年前から現在のポストについているという。現在彼女の主な仕事は諸外国の政府および企業との契約およびライセンス契約の交渉で、そのための海外出張もひんぱんにあるという。商事法を国際的スケールでやるという永年の念願が叶って、とても充実して仕事をしているようである。

最後に、私がアメリカで最初に出合った女性法律家、ランバウアー教授を紹介しよう。ワシントン大学のロースクールで私は教授からいかにして法律のリサーチをし、問題を分析、検討しそれをメモにまとめるかの講義を受けたのであるが、教授の論旨の明解さ、指導の丁寧さには大いに感心させられた。採点はかなり厳しかったが、おかげで今日法律の調査をしメモを作成することにあまり不自由しないで済んでいる。教授は現在もワシントン大学で教鞭をとっておられる。これは人づてに聞いた話だが、教授は中西部に生まれ、一九歳ぐらいの時にシアトルに出てきて、ワシントン大学のロースクールでリサーチャーとして働くうちに法律に興味をもち始め、ワシントン大学のロースクールへ通い、そこを優秀な成績で卒業し、そのままロースクールに残って教鞭をとりはじめたのだという。教授の人柄にひかれる日本人卒業生も多く、こうした卒業生の招きで過去二度ほど日本で講演をしている。

三　なぜ仕事の場としてニューヨークを選んだのか

▼ニューヨーク州弁護士

ニューヨークの法律事務所でアソシエイトとして働くのは容易なことではない。長時間労働と、没個性的な生活を強いられるからだ。幸いに私の場合は早朝から深夜まで働かされることはあまりなく、事務所の依頼者から直接仕事の依頼をうけたり、若いアソシエイトに仕事を手伝ってもらったり、かなり自由にふるまっているが、英語で文書を作成したり、相手方の弁護士や政府の役人と英語で交渉したりするのには苦労している。なんですき好んでニューヨークで苦労しているのかとよく訊かれる。そんな場合、成り行きで、と答えているのだがこれは半分しかあたっていない。人が一つのことを決定する場合、どこかで必ずその人の意思が働いているからだ。

私は「自分に適しているから」「親類や知人に弁護士がいてその影響で」弁護士になったのではない。元来人づきあいが苦手な方だったから大学でも文学を専攻しようと考えていた。ところが、専門を決める時になって文学部を出たのでは就職できないことを悟らされた。当時大学卒の女性が就職するには資格を持っていることが必要だった。それで法学部へ移り、何とか司法試験に合格し、卒業と同時に司法研修所へ入った。研修所時代は裁判官になろうと考えていたのだが、転勤が多いということであきらめた。そこで比較的デスクワークの多い渉外弁護士となり、大手町にある事務所に入った。そこで日本へ進出しているアメリカの企業に日本法のアドバイスをしているうちに、アメリカ法の知識が必要だと痛感させられるようになった。そこで一年間の予定で、シアトルにあるワシントン大学のロースクールへ留学することにし、一九七三年五月に羽田を発った。ワシントン大学での講義に備えてニューヨークで英語の勉強をしている間に東京からパートナーの一人がみえて、ワシントン大学での勉強が終わった後一年間、ニューヨークで働いてみないかと云われた。犯罪都市ニューヨークに一人で暮らすことに不安はあったが、いい機会だからと、引き受けた。

ワシントン大学での勉強を終え、ニューヨークで働き始めて間もなく、私は現在の夫と結婚した。夫はフランス人で、日本に行っても仕事はみつかりそうにない。そこでアメリカに残って何とかやってみようということになり、ニューヨークで仕事を探し始めた。ちょうどオイルショックのさなかで、仕事は全くみつからなかった。知り合いの日本人弁護士が、ニューヨークの司法試験を受けてみたらといって、司法試験受験資格付与嘆願書を見せてくれた。この嘆願書をニューヨーク州の最高裁判所であるコート・オブ・アピールスに提出して認められれば、ロースクールを出ていなくてもニューヨーク州の司法試験が受けられるという。それでさっそく嘆願書を作成して提出した。意外にも受験資格を与える旨の通知を受けたので、あわてて準備し司法試験に臨んだ。試験は一九七五年七月二二日、二三日の二日にわたって行われたが、準備不足のため出来はさんざんだった。それですっかり諦めていたら、一二月になって「合格」の通知が舞い込んできた。

私が司法試験に合格すると、それまで働いていた事務所で、アソシエイトとして採用してくれた。その事務所には当時弁護士が八五人ほどいたが、その後合併を繰り返し、二年ほどの間に一二〇人もの大所帯になってしまった。仕事はどんどん専門化していき、私は各プロジェクトの会社法に関する部分のみ分担させられるようになった。プロジェクトの全体像はほとんど知らされず、自分の属する国際部以外の弁護士の顔も名前もわからないという状況であった。依頼者をとるのにも基準があって、小さな事件は引き受けないようにとくぎをさされていた。二年ほどそこで働いて、こうしたやり方に不満を持ち始めていたところへ友人から誘いがかかり、私は現在の事務所へ移ったのである。

▼毎日の活動

現在私が働いている事務所はニューヨークのミッドタウン、パンナムビルにある。弁護士総数二二名の、ニューヨークでは小規模な事務所である。主として会社法、税法、遺産管理、国際取引法関係の仕事をしている。訴訟部もあり、訴訟事件はすべてここで処理されている。この事務所はニューヨーク地区へ進出している多くの日本企業を依頼者として抱えている。私の仕事は主としてこれらの日本企業に対してアメリカ法のアドバイスをすることであるが、アメリカの企業に対して日本法のアドバイスをすることもある。さらに、こうした日本企業の社員個人の法律問題についても相談をうけているので、私の扱う事件は実に変化に富んでいる。日米企業間の合弁事業契約、融資契約、ライセンス契約、販売代理店契約等の作成、ブロードウェイのミュージカルや演劇を日本で上演するための諸契約、アパートや事務所の賃貸借契約、家の売買契約書等の作成、商標、著作権の登録、移民局との交渉、現地法人または支店の設置、就業規則、雇用契約書の作成、アパートのトラブル、消費者問題、遺書の作成、など枚挙にいとまがない。私の事務所ではこの外、一般訴訟事件、公正取引委員会や国際貿易委員会の取り調べ事件も扱っているが、これは訴訟部の担当なので、私は直接関与していない。さらに私が女であるからか当地の日本女性からよく離婚に関する相談をうける。ただし、彼女たちの多くは、他に気軽に話せる友人もいないので私に夫への不満をぶちあけることでうさを晴らしているにすぎないらしく、実際に離婚にまでいったケースは一つもない。

アメリカの方式で運営される事務所で日本人依頼者の仕事をするのは大変である。アメリカでは弁護士報酬は時間制で請求される。だからアメリカ人の依頼者は弁護士との会合の時間を最小限にするため、いきなり本題に入るのだが、日本人にはこのことが理解されていないのである。日本人はまず気候の挨拶、家族の話などをしてから本題に入る。アメリカ人弁護士はこんな場合でも依頼者とすごしたすべての時間を請求しているが、日本人である私はそうも出来ない。かといって毎日タイムシートにどれだけ依頼者に請求できる時間を記入したかによって弁護士の勤務評定がされるので、世間話に費やした時間をタイムシートに全く記入しないわけにもいかない。たいへんな板ばさみである。さらに、アメリカでは弁護士の電話相談に対しても報酬を請求するのであるが、このことは、知的情報は無料と信じている日本人には理解し難いらしく、請求書を手にした依頼者から、「あんな相談にも金をとるのか」という、不満にみちた電話をうけることが時々ある。

日本のビジネスのやり方は、社内のコンセンサスを作る必要から非常に時間がかかる。私が世話をしているある企業では、現地法人を設立するか否か、設立するとしたらどの州がいいかということをもう三年近くも検討している。アメリカ人にはこんなやり方が理解できないらしく、事務所のパートナーからあの話はどうなったのかとよく訊かれた。もっとも一年を過ぎたらあきらめてしまったようで何も訊かれなくなった。同様の理由から、日本企業を代理してアメリカ人と交渉するのは骨が折れる。ある日本企業の支店で社宅を購入した際、本社の承認を条件とした。相手方はすぐ承認が得られると考えたらしく、一週間めから毎日のように電話で承認がとれたかと訊いてくる。日本の企業が決定を下すには全員一致の同意がいるのでもう少し時間がかかると説明したら、そんな話は信用できないと怒鳴られてしまった。それから承認が得られるまでの六週間というもの、私は依頼者に代わって相手方をなだめるのにおおわらわであった。これに似た例は枚挙にいとまがない。

以上述べてきたように、私の扱う事件は実に変化に富んでいる。以下に毎日の活動のひとこまを紹介しよう。

▼現地人従業員の扱いに頭を悩ます日本企業

今から二年ほど前の夏のある日、私はK社のO氏から電話を受けた。至急相談したいことがあるという。それでその日の午後一時にO氏と会う約束をした。一時を少し過ぎた頃O氏は小さなファイルを抱えて現われた。今日は従業員のトラブルで相談にきたのだという。K社ではC嬢という秘書を一三年も前から雇っているのだが彼女の勤務状態は良くない。O氏はかねてからこのC嬢を解雇しようと思っていたのだが、歴代の責任者の「俺のいる間は問題を起こしてくれるな。」の一言でふみとどまっていたのだという。このC嬢が二週間程まえ追突されてムチ打ち症になったとかで欠勤しているのだが、事故の翌日、母親からしばらく休む旨の連絡があったのみで、医師の診断書の提出もなければ、いつから出勤できるかの連絡も無いのだという。そこでO氏の方から問いただしたところ、医者にあと二ヵ月ほど休めといわれたという。そこで医師の診断書を提出するよう促したのだが、今日まで連絡が無いという。そこまで話したO氏はC嬢の勤務状況が記録されているファイルを見せてくれた。遅刻、早退、病欠がやたら目につく。病欠は年平均二〇日になっている。生理休暇が入っているのかもしれないが、アメリカでは生理休暇は認められていないのである。加えて、勤務時間中に席を離れることが多いという。アメリカの会社ならとっくに解雇されているだろう。

こんなC嬢をK社が解雇できなかったのには理由があった。アメリカでは連邦法および州法で性別、年齢、人種、国籍等を理由に雇用において差別することを禁じているが、これらの法律はK社のような日本企業の子会社にも適用される。秘書は女性の仕事、運転手は男性の仕事というように性別により職業を分け、女性に男性よりも単純な仕事を与えることで男性より安い給料を支払うことに何の抵抗も感じない日本の企業は、こうしたやり方を否定するアメリカの法律に戸迷わされている。日本でよくみかける「求む秘書。二五歳未満の独身女性。」という求人広告はアメリカでは許されない。アメリカでは「求む。秘書。一分間に一二〇字のタイプが打て三年以上の経験のある者。」というように能力と経験を基準とするもののみが許される。こうした求人広告の要件をみたす男性の候補者が現われた場合、男性であることを理由に採用を拒否できない（アメリカには現在多数の男性秘書が存在している）。

最近、こうしたアメリカのやり方に不慣れで日本でのやり方をそのまま持ち込んだ日本企業を、アメリカ人女性従業員が性による差別を理由に訴えるケースがいくつか出現した。日本の新聞にも紹介された米国住友商事、米国伊藤忠商事のケースはその主なものであるが、こうした事件になる前に、裁判沙汰を好まない日本企業が、従業員に示談金を支払って訴えを取り下げさせるという事態も発生しはじめた。すると、日本企業を訴えれば何がしかの金銭を支払ってくれるということになり、採用を拒否されたり解雇されたりしたらまず訴えを提起するという好ましくない風潮を生みだした。K社の責任者の、「俺のいる間は……。」というのにはこうした背景があったのである。

O氏と相談の末、安全を期してC嬢に対しいつ職場復帰できるかを一週間以内に回答するよう促し、その回答のない場合には解雇する旨の手紙を出した。C嬢からは何の回答もなく、私はO氏の依頼で解雇通知の草案を作成しO氏に渡した。

それから三ヵ月ほど経った一一月のある日、O氏が震える声でC嬢の件でニューヨークの労災保険委員会から呼び出されたと電話してきた。人権委員会でなく労災保険委員会だというのが腑におちなかったがとにかくO氏に会うことにし、電話を切った。O氏が持参した呼び出し状によると、K社はディスアビリティ（執務中でないときに怪我をして勤務できなくなった場合に、失った給料の一定割合を給付する）保険受給の申請をしたことを理由にC嬢を解雇したがこれは労災保険法に違反するというのである。私はなお得心がいかなかったので、O氏にディスアビリティ保険受給の申請を受領したのはいつか、解雇通知を出したのはいつか問い質した。O氏は、解雇通知を出すのをためらっているうちにディスアビリティ保険受給申請書が来たのでそれに署名して返送し、その後すぐ解雇通知を出したのだと答えた。形の上ではまさに労災保険法違反であり、したたか者のC嬢はすかさずO氏のミスをついてきたわけである。ただし、法律はディスアビリティ保険受給申請が直接の原因となっていない解雇まで禁じてはいないので、C嬢の解雇に至った事情を詳細に説明した手紙をC嬢の勤務記録の写しとともに労災保険委員会へ提出した。労災保険委員会はこの回答に満足しなかったとみえて、当事者双方の事情聴取をすると通知してきた。O氏はあくまで応戦する覚悟であった。ところが、K社のためにC嬢の勤務態度について証言するといっていたT嬢が公聴会の前日になって証言したくないと言い出し、事態は急変した。O氏は一切の責任を負わされていたので、敗けたら会社にいられなくなると真青になっていた。そこで多少の金でかたづくものならと、C嬢の弁護士に和解の可能性を打診した。するとC嬢は七五〇ドルで和解に応じていいという。労災保険委員会からC嬢を再雇用せよという命令が出されるのをおそれていたK社としては悪くない話だったので、和解でかたづけることになった。和解に基づいて労災保険委員会への申し立てが取り下げられ、一件落着となった。

Ｂ社の組み立てラインの主任をしているＳ嬢は、他の係の主任のＭ氏と同様の職務を遂行しているにも拘らず、女性であることを理由にＭ氏より安い給料で働かされていること、Ｂ社の支配人Ｋ氏から会社の仕事が忙しくなるのでＳ嬢のポストを男性に渡し、Ｓ嬢はその男性の助手とする旨云い渡されたことを理由に、連邦および州の人権委員会にＢ社に対する訴えを提起した。Ｂ社のＫ氏から相談をうけて、Ｓ嬢の主張する事実の有無をＫ氏に問い質したところ、男女の賃金格差はあるがこれは職種が違うためであって差別では無い。主任といえども忙しいときは重い箱を運ばねばならぬので、Ｓ嬢の代わりに男性の主任をおくといったのだとの答が返ってきた。Ｋ氏の回答の裏づけをとるため全従業員の給料明細を調べてみると、女性の給料は全般に男性より低い。しかも一番時間給の低い作業に従事させられているのは全員女性である。Ｍ氏の方がＳ嬢よりあとからＢ社に入社したのにＳ嬢より高給をとっている。Ｍ氏とＳ嬢の職責の違いを訊ねたところ、たいした差はないという。Ｍ氏の経歴をみても、運転手としての経験があるだけでＳ嬢より勝れた経験があるわけでもない。さらにＳ嬢の勤務評定をみると、すべて「たいへん良い。」となっている。Ｋ氏にいわせるとＳ嬢の勤務評定は必ずしも事実を反映していないとのことだが、書面になっている勤務評定をくつがえすのは難しい。同僚の弁護士にこれらの資料をみせたら、「Ｂ社は明らかに女性を差別している。」と云い放った。しかしながら、Ｂ社の弁護を頼まれた者としては差別を認めるわけにはいかない。そこで、Ｋ氏の証言をもとに、Ｍ氏の職責はＳ嬢のそれより重く、二人の給料の差は職責の違いによるもので性別によるものではないこと、主任の仕事は女にはむかないといったのは、これからは重い箱を運ぶなどの肉体労働もしなければならなくなるので女性には無理だろうと思ったからで、こういった仕事のできる女性を排除する意図では無いことと、B社の判断ではS嬢は主任としての職務を遂行できない旨の反論書を作成して人権委員会に提出した。反論書を提出して暫くして、B社の副社長のT氏から、S嬢に訴えを取り下げさせたいのだがS嬢と二人で話し合ってもよいかという相談をうけた。T氏のやり方は日本では成功するかもしれないがアメリカではかえって危険である。B社の幹部がS嬢を威嚇して訴えを取り下げさせようとしたということにされかねない。そこで私はS嬢に直接話をするのは避けた方がよいが、S嬢の弁護士を通して話すのならかまわないと答えておいた。その後忙しさにかまけてこの事件のことを忘れていると、K氏から、T氏がS嬢と話し合ったところS嬢は納得して訴えを取り下げたとの電話があった。私はそれは良かったと祝いの言葉を述べたうえ、今後は従業員対策を改めるように忠告したが、内心穏かで無かった。B社の人たちが私のことを「物事を大げさに考えすぎる人だ。話し合えばわかりあえることなのに。だから弁護士は駄目なんだ」などと考えているにちがいないと思ったからだ。

現在私はB社のようなケースを無くそうと日本企業に対して、その雇用政策を改善するようアドバイスしている。

＊今次の復刊に際しては，執筆者ご本人またはその著作権承継者から許諾を得ています。ただし「著作権承継者」として権利を有する方については，許諾をいただいた方以外にもおられる可能性があります。お心あたりの方は，弊社・編集総務宛ご連絡ください。

女性法律家　復刊版

1983年6月30日　初版第1刷発行
2024年6月30日　復刊版第1刷発行
2024年8月1日　復刊版第2刷発行

執筆者代表　三淵嘉子
発　行　者　江草貞治
発　行　所　株式会社有斐閣
〒101-0051 東京都千代田区神田神保町 2-17
https://www.yuhikaku.co.jp/
印　　　刷　大日本法令印刷株式会社
製　　　本　牧製本印刷株式会社
装丁印刷　株式会社亨有堂印刷所

落丁・乱丁本はお取替えいたします。定価はカバーに表示してあります。
Printed in Japan ISBN 978-4-641-12652-7